ぜんぶ絵でわかる

木造住宅 1

飯塚豊

X-Knowledge

はじめに

木造住宅はここ30年位の間に大きく変わりました。

構造は、大地震のたびに基準が強化され、熊本地震を契機に耐震等級3の適合が叫ばれるようになりました。構造ソフトの利用が一般化し、梁や基礎を設計する際は、許容応力度計算を行うケースも増えてきました。

断熱は、かつての隙間だらけのスカスカの断熱が、厚く隙間なく包みこむ断熱に置き換わり、樹脂サッシ、アルミ樹脂複合サッシが家の開口部の標準になりました。「高断熱高気密」という概念が導入され、壁・屋根に通気層を設けた家があたり前につくられるようになりました。

構法は、布基礎がベタ基礎に、手刻みの軸組がプレカットに置き換わり、筋かいと火打ち梁で地震風に抵抗する形式から、ツーバイフォーのように面で抵抗する形式が主流になりました。また厚物合板を使う、根太レス工法と呼ばれる省力化構法が一般化しました。

それらの変化があまりに大きく多分野に渡るものだったため、現在市販されている構造や断熱の専門書は、最新の構法やデザインに対する配慮が不十分、構法や矩計の専門書は根太、横胴縁、和小屋が前提で、そのままでは実務で活用できない、という状況が長らく続きました。

本書は、最新の構造、断熱、構法の考え方と整合を取りながら、魅力的な住宅をデザインするにはどうしたらいいかを解説したものです。「構造、断熱、構法、デザインを

いっぺんに考えたらこうなる」ということを示した、ありそうでなかった木造住宅の教科書です。

一冊で木造住宅を体系的に学べますから、新米建築士のみなさんは、端から端まで暗記するつもりで読んでください。性能を毛嫌いするベテラン設計者のみなさんは、この本で構造、断熱、構法の最新情報をおさらいして、今まで通り楽しんで設計してください。

読者のみなさんにとって、「屋根→中間領域→窓→架構→矩計→間取り」と続く、この本の章の構成は見慣れないものだと思います。でも、これは住宅設計の理想的な手順を示したものなのです。

「間取り」を最優先すると、構造・断熱・構法・デザインにしわ寄せが行き、いろいろまずいことが起ります。しかし、この本の章の順番どおりに、建築にとって最も大切な「内と外との境界部」から順に考えていけば、住宅は自然と魅力的な物になっていきます。困った時に頼れるように、どこからでも読み始められるような構成になっていますが、まずはじめは、この「理想的な設計の手順」を念頭において、頭から順番に読み進めていただけると幸いです。

2022年10月吉日　飯塚豊

主な建築部材の名称

木造住宅の各部位には、下図のような特徴的な名称がついています。名称は、使用部位に関連付けられている物がほとんどで、線材の名称は「材の方向（水平、垂直、斜め）」も同時に示しているものが多くあります。さらに「軒桁」「母屋」「棟木」のように、「屋根の向き」と関連付けられたものもあります。建築を言葉で伝えたい場合、正確な名称を使えば、材の位置や材の方向、屋根の向きなどが明確になり、伝わりやすくなります。下図の名称は、この機会にすべて覚えてください。

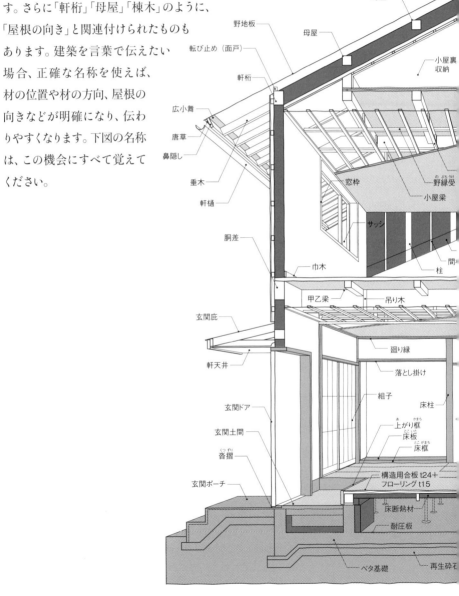

母屋
野地板
母屋
転び止め（面戸）
軒桁
小屋裏収納
広小舞
唐草
鼻隠し
垂木
窓枠
野縁受
小屋梁
軒樋
サッシ
胴差
間柱
巾木
柱
甲乙梁
吊り木
玄関庇
廻り縁
落とし掛け
軒天井
組子
床柱
玄関ドア
上がり框
玄関土間
床板
床框
沓摺
構造用合板 t24＋フローリング t15
玄関ポーチ
床断熱材
耐圧板
ベタ基礎
再生砕石

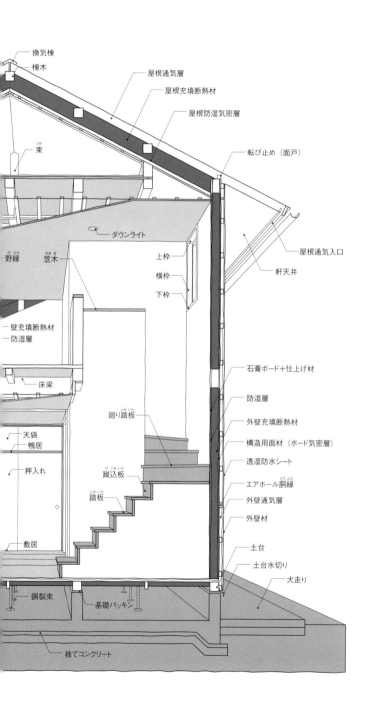

換気棟
棟木
屋根通気層
屋根充填断熱材
屋根防湿気密層
転び止め（面戸）
束
屋根通気入口
ダウンライト
野縁
笠木
上枠
横枠
下枠
軒天井
壁充填断熱材
防湿層
石膏ボード+仕上げ材
床梁
防湿層
廻り踏板
外壁充填断熱材
構造用面材（ボード気密層）
天袋
鴨居
透湿防水シート
押入れ
蹴込板
エアホール胴縁
踏板
外壁通気層
外壁材
敷居
土台
土台水切り
犬走り
鋼製束
基礎パッキン
捨てコンクリート

第3章
窓は立面から考える

第4章
今どきスタイルの架構

第 **5** 章

矩計は真似る

第 **6** 章

間取らない
間取り

STAFF

キャラクターイラスト——伊藤ハムスター

トレース——坪内俊英(いろは意匠計画)、堀野千恵子

デザイン——三木俊一(文京図案室)

組版——竹下隆雄(TKクリエイト)

印刷・製本——シナノ書籍印刷

第 **1** 章

まずは屋根から考える

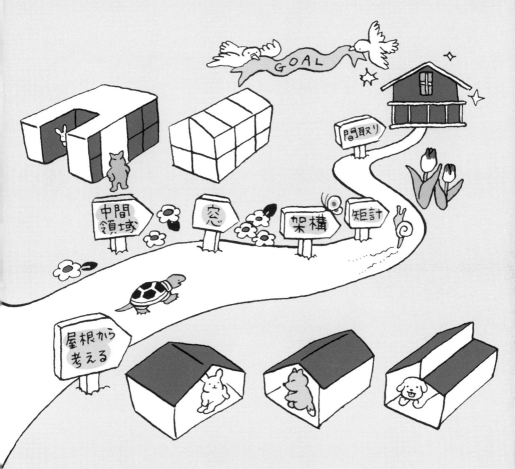

「屋根」が先か「間取り」が先か。それが運命の分かれ道。

設計が始まると、ほとんどの人は、まず方眼紙の上に間取り図を描きます。そして間取りをベースに議論を重ね、間取りが決まれば契約し次のステップに進みます。家づくりの現場で必ず見られる光景ですが、このやり方は一歩目から方向を見誤っているように思えます。間取り優先の設計をすると、配置、構造、立面、断面の検討が後回しになり、内外の境界部のデザインも全く考慮されません。この手順をとる限り、どんなに優秀な人が設計しても、周辺環境にそぐわず、構造に無理がある、魅力のない住宅にしかなりません。建築は、大事なものから順番に検討するのが鉄則。この本が説く「屋根→中間領域→窓→架構→間取り」の順番で住宅を考えれば、それだけで、設計は劇的に変わります。

建築の見た目は屋根が9割

建築の見た目を決める最も重要な要素は屋根です。軒の出、勾配、高さなどのちょっとした形の違いで建築のデザインは大きく変わります。構造、止水、断熱、通気、法規など要求される性能や規制も多いので、クライアントが自力で屋根形状考えることはできません。敷地状況、空間性、コスト等をにらんで、屋根形状の「最適解」を提案するのは設計者の重要な役割です。

壁と連続する切妻屋根

オーソドックスな切妻屋根でも、壁を屋根材で仕上げ、屋根と壁を連続させるだけで個性的な外観になります

切妻の頂部を欠き取った台形屋根

屋根の片側を欠きとることは、各種斜線［19頁参照］をかわす際に有効ですが、両側を欠きとれば、いかにも斜線をかわしたデザインを回避できます

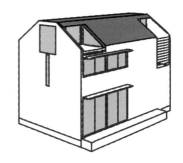

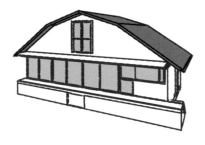

腰折れの大屋根

2階建てでも大屋根で軒を低く抑えると、印象的な外観に。大屋根は外皮面積を小さく抑えることができるので、高断熱とも相性よしです

建築の中身もほぼ屋根で決まる

屋根を考える時は外からだけでなく、中の見え方を同時に意識しましょう。内部空間が見えてくると、無理のない架構、適切な窓の取り方や空間の使い方が暗示されます。そんな「屋根の声」を聴くことが、よい建築をつくる第一歩です。間取りを決めるのはその後です。

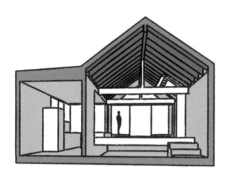

妻側から採光する

以下のイラストは左頁の住宅の内部を描いたもの。オーソドックスな切妻屋根は、妻側を開口部にすれば、勾配の天井に沿って光が室内に廻ります

台形の一部をハイサイドライトに

台形屋根の棟から下ろした柱は、ワンルームを緩く仕切ります。屋根の形と構造と同時に考えるとさらにデザインの幅が広がります。ハイサイドライトから射す光は、壁面に美しい陰影を描きます

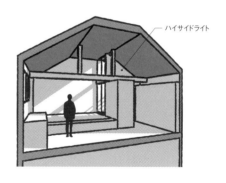

ハイサイドライト

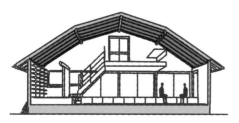

ドーム状につつみこむ

腰折れ屋根の変曲点に大梁を配置して、垂木を細かく架けた見通しのよい大空間。2階の両側には吹抜けを設け、2階の光を1階に落とします

屋根は先達に学べ

屋根はつくり方によって光の入り方、空間の大きさが変わるので、勾配、軒の出を適切に決めましょう。近くに伝統的な屋根があったら、まずそれを参考にします。地域の建築にならうだけで、過ごしやすく快適な住宅に近づきます。そしてその屋根の形は必ず町の風景に馴染むことになるはずです。

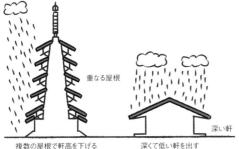

重なる屋根

深い軒

複数の屋根で軒高を下げる

深くて低い軒を出す

雨や風に備える

日本は比較的雨が多いので、古い建築は低くて深い軒を持ちます。屋根を重ねたり、入母屋にして軒を下げたりすれば、横殴りの雨も防げ、壁面や開口部は痛みにくくなります

雪を落とす? のせたまま?

雪が極めて多い地域では、雪おろしの手間を減らすため、急勾配の屋根で雪を落とすか、雪を乗せたままにする方法がとられます。どちらも降雪地の独特な風景をつくっています

急勾配切妻

無落雪屋根

勾配を急にして雪を落とす

のせたまま

発熱や集熱に使う

太陽光発電や屋根面利用の集熱装置がある場合は、効率を考慮して、向きや角度が決まります。北上がりの片流れ屋根が最も効果的に発電（集熱）できますが、片流れ屋根は格好もよくないし、北側隣家に影をつくるので、切妻を基本としましょう

北上がり
片流れ屋根

太陽光発電を載せる

太陽光集熱装置を載せる

妻入か平入かそれが問題だ

切妻屋根には、妻側と平側があり、どちらを正面に向けるかによって外観の印象も、間取りも変わります。妻入と平入、どちらを選びますか？ 妻入は、象徴性のあるファサードをつくり出せます。一方、平入は、入口の軒高が下がるので人を招き入れる落ち着いた雰囲気をつくり出せます。

妻側

象徴性重視の妻入

正面に特徴的な三角立面が出る妻入。農村の古民家などで採用されることが多い形式です。現代でも雪の多い地域では、建物へアクセスする際の安全を考え、妻入としましょう

家型のファサード

落ち着き重視の平入

町家のように建物が連棟になる場合は、ほとんどの場合、平入が採用されます。下屋や厨子二階（つしにかい）と呼ばれる、低い2階がつくこともあります。道路と庭が南向きになる場合は、日射取得と遮蔽がしやすい平入を原則にするとよいでしょう

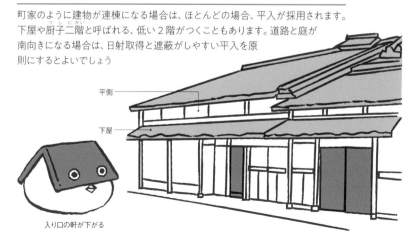

平側

下屋

入り口の軒が下がる

屋根の選択肢は無限？

平面が真四角なら、さまざまな形の屋根を架けることが可能です。名前がついた一般的な屋根を列記してみるだけでもこんなに沢山あります。複数の屋根を組み合わせれば、さらに多様な屋根をつくることが可能です。ただし複雑になればなるほど、屋根の端部や特殊部で雨漏りが起こりやすいので、できるだけ単純な形でまとめましょう。

片流れ系 / 切妻系

片流れ屋根
一方向のみに勾配のある屋根。施工が最も容易だが、高くなったほうの壁量が多くなるので、結果的にコストがかかる場合がある

招き屋根
片流れの先端部を曲げたもの。曲げ部分が大きい場合には、切妻の変形と考えることもできる

差し掛け屋根
2枚の屋根を違う高さで架けたもの。高さのずれた部分に開口を設けることで、そこからの採光・換気が可能

大屋根
建物の構成要素の全体を覆う屋根のこと。多くの場合は2階から1階にまたがって架かるものを指す

腰折れの片流れ
片流れ屋根が途中で折れたもの。斜線をかわしつつ片流れの気積を最大限確保できる

陸屋根（ろく）
勾配のない屋根。外観が整って見え、モダニズム建築に多用された。木造の場合は防水への念入りな注意が必要

ヴォールト
本来は、石やレンガを積んだアーチをもとにした曲面天井である。近代以降は曲面天井一般をヴォールトと呼ぶ

バタフライ
2枚の屋根の棟が谷になっているもの。谷部に雨水が集中する難点があるが、平側の2カ所に大きく開口が取れる

湾曲片流れ
片流れ屋根を湾曲させれば、外観、内観ともにやわらかな印象を生み出すことができる

鋸屋根（のこぎり）
片流れが鋸の歯のように並んだ屋根。屋根上部の窓から一定の間隔で採光できるため、床面積の大きい建物に適する

無落雪屋根
建物の内側にバタフライ屋根が隠れたような形状。主に積雪地帯で、屋根の谷間部分に雪を溜めるために用いられる

折板屋根
折板を用いた金属製屋根の代表的なもので、基本的にはS造で用いられる。施工が容易で、大空間にも適用できる

切妻は究極かつ普遍

最もオーソドックスで普遍的な屋根形状です。単純で架構も組みやすいのが特徴。最初はまず妻入、平入2種類のシンメトリーの切妻を試してみましょう

※出典：『最もくわしい屋根・小屋組 改訂版』建築知識編／エクスナレッジ

寄棟は軒を低く抑えたいときに

斜線をかわしながら、モダンな低い軒先としたいなら、寄棟を検討。構造は切妻より遥かに複雑になるので、構造露しも勾配天井も設計が難しくなります

片流れ屋根はバランスが大事

形状は最もシンプルだが、水上や軒ゼロの時の壁取合いの雨漏りには注意したいところ。屋根形状が複雑な時は、片流れ屋根の組み合わせでつくってみましょう

切妻
最も簡便な屋根形状の1つ。内部空間の利用効率が高く、雨仕舞いにも優れる

半切妻
ドイツ屋根、袴屋根とも。切妻の形態をできるだけ保ちつつ、妻方向からの各種斜線制限をかわす場合などに有効

寄棟
切妻の棟を短くして寄せたような形状が名前の由来。多方向からの斜線をかわしやすい形状であり、都市部に多くみられる

方形
正方形の平面で、4面の屋根が1つの頂点に集まるもの。明治時代には、寄棟を含めて方形と呼んだ時期もある

シェル
交差する2つの曲線に基づく屋根。鞍のような形状になる。小断面部材で屋根を構成できるという利点がある

しころ
切妻の四周に庇が付き、その下部が空間化したものとされる。そのことから、入母屋への発展過程の形態とも考えられる

入母屋
上部が切妻で、妻側の下部が寄棟の形状になっているもの。納まりは複雑になるが和風のデザインに適している

母屋下がり
切妻の片側だけが途中から折れた形状に。勾配の変化を最小限に抑えることができる

駒形屋根
切妻屋根が途中から折れたもので、別名ギャンブレル。屋根裏空間を有効に利用できる

マンサード
寄棟の、4方向の屋根が中ほどから折れたもの。屋根裏の空間を大きくできる。住宅では、採光用のドーマーと組み合わせられる

多角形屋根
五角形、六角形などさまざまな種類がある。八角形のものは八注造りと呼ばれることもある。多くの隅木が一点に集まるので、頂部での納まりが難しくなる

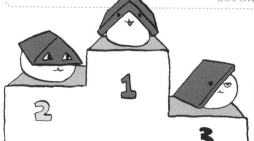

けっきょく切妻、寄棟、片流れ屋根に落ち着く[26～29頁参照]

勾配と仕上げ材は一緒に決める

藁、瓦、化粧スレート、金物など屋根の仕上げ材はさまざま。素材の留付けや雨仕舞を考慮してそれぞれの素材で可能な勾配が決められています。桟瓦は4寸から6寸の勾配、金属は緩勾配から急勾配に対応しています。定められた勾配以上、以下の屋根勾配にすると、雨漏りや仕上げ材の脱落などの不具合の原因となり好ましくありません。屋根の仕上げは、全体の構成にかかわります。早い段階で決めておきましょう。

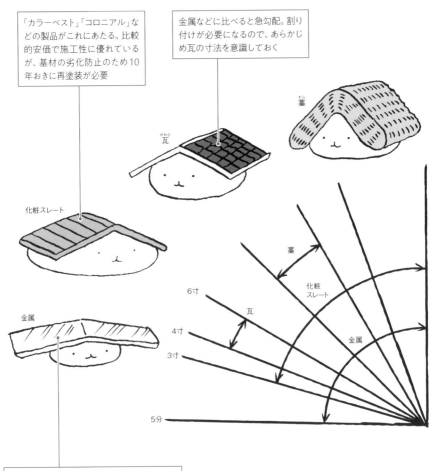

「カラーベスト」「コロニアル」などの製品がこれにあたる。比較的安価で施工性に優れているが、基材の劣化防止のため10年おきに再塗装が必要

金属などに比べると急勾配。割り付けが必要になるので、あらかじめ瓦の寸法を意識しておく

藁

瓦

化粧スレート

金属

比較的低価格で、錆びにくいためガルバリウム鋼板がよく用いられる。10〜20年程度で塗装は多少劣化するが、板材の防錆性能は維持されているので化粧スレートより安心

斜線をかわす定石

敷地が狭いと、道路斜線、北側斜線、高度斜線という3種類の斜線によって、建物の上部がカットされることがあります。法律が定めるこのラインより上に建物を建てることはできません。しかし、上限いっぱいの気積を確保したいからといって、斜線で切り取られたそのままの屋根形状にするのは考えもの。斜線をかわしつつも均整のとれた形に整えることが大切です。法律で屋根の形を決めるのはNGです。

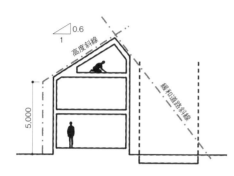

「高度地区」はもっと削られる

地価の高い都市部においては、斜線いっぱいにつくった変形片流れの家が立ち並ぶ風景をよく見かけます。東京の第1種高度斜線のかかるエリアでは、3階建てを計画しても斜線制限のために3階がすべて小屋裏のような空間になってしまうこともあります

天空率を使う

道路斜線や北側斜線は、大きな間口に小さな建物を建てる場合や、建物のごく一部だけが斜線にかかる場合は、天空率いう制度を利用すると、制限を外せることがあります。ただし、高度斜線には使えませんので注意してください

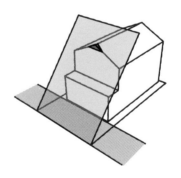

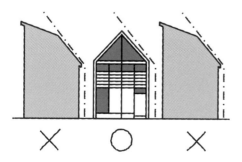

あえてシンメトリーに

周囲の家が斜線で切り取られた形であるからといって、こちらも真似をする必要はありません。斜線なりの屋根形状としないことで、左右対称の安心感のある見た目と美しい内部空間が手に入ります

軒、庇と心地よさの関係

屋根形状を考えるときは、軒の出寸法を適切に決めましょう。真南向きの建物であれば、夏冬の太陽高度の差を考えて、軒の高さの30%程度の軒の出にすれば、夏は日差しを遮った涼しい家に、冬は日差しを取り込める暖かい家にすることができます。

また、庇の奥行きを1間以上大きくとれば、軒下、庇下の空間は、心地のよい中間領域［38頁参照］にもなります。

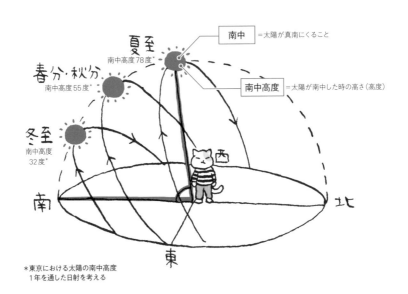

夏至
南中高度78度*

春分・秋分
南中高度55度*

冬至
南中高度32度*

南中 ＝太陽が真南にくること

南中高度 ＝太陽が南中した時の高さ（高度）

南中

西

猫

南

東

北

*東京における太陽の南中高度
1年を通した日射を考える

軒の出は軒高の30%が目安

窓の上に窓高さの30%程度の庇を設けると、夏の高度の高い日差しを遮れます。一方、冬は高度の低い日差しを取り込めます

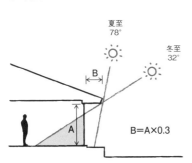

夏至
78°

冬至
32°

B

A

B＝A×0.3

総2階の1階の窓の上にも庇を

総2階の時は1階の遮蔽ができるように、1階の窓の上にも庇を必ず設けます。こうすれば1階が夏の日中、暑すぎて使えない部屋になるのを防げます

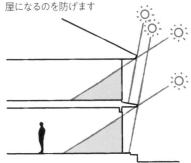

日射取得と半屋外を両立

軒下空間は奥行き1間くらいあると、人が佇めるスペースになりますが、日射取得という側面から見ると、奥行き1間は大きすぎです。どうしても十分な奥行きを取りたい場合は、「高い位置に屋根がけする」、「1階を2階より半間＝910mmセットバックさせたうえで、2階にも半間の軒を出す」といった方法が有効です

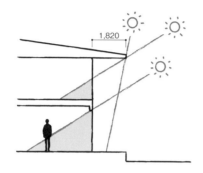

奥行きの大きな庇でも高い位置に屋根掛けすれば、中間領域を取りながら、冬期間の1階の日射取得の減少を抑えられます。ただし、日射が入りすぎる季節・時刻があるので、1階ではシェードなどを併用したほうがよいでしょう

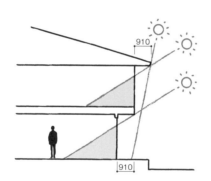

軒の出た2階を1階より半間大きくして、奥行きのある中間領域をつくる方法です。総2階の1階に半間の庇をつけた時［66頁参照］と同じように日射遮蔽、取得両方に応えられます

取得と遮蔽のゾーン分け

日射取得と奥行きをたっぷりとった中間領域を両立したい場合には、集熱窓と中間領域を別の場所で確保する方法があります。右図は、集熱窓の正面を外して中間領域を設けた例

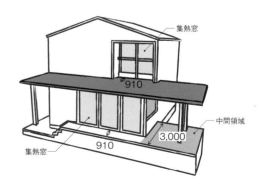

ほしい空間に応じて輪郭を決める

屋根は周辺環境を踏まえ、外側から決めていくのが基本ですが、天井を高くして空間の気積を大きくとりたい場合、小屋裏にスペースをつくりたい場合、光や風を屋根上部から採り込みたい場合などは、内部空間の要求が、屋根の形を決める決定打になります。ただし、このように、屋根の形を中から決めたときは、必ずもう一度外から眺めて、環境にぴったり合うよう形を整えましょう。

どのくらい小屋裏が必要かで屋根の形が変わる

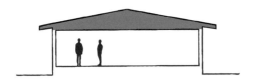

最上階をフラット天井にするなら、0.5寸〜2寸程度の緩勾配の屋根は無駄がありません。屋根が高くなりがちな梁間方向に大きな建物も緩勾配屋根が適しています

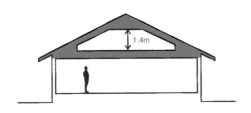

1.4m

小屋裏をロフトにしたいなら、1.4mの天井高がしっかり取れるように、4寸から10寸程度の勾配を取りましょう。ロフトの床は剛床にして床倍率を評価しましょう

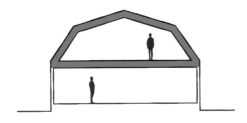

小屋裏を部屋にしたいなら、途中で勾配を変えるなどの工夫が必要です。急勾配部分の構造は17.5寸（60度）以上にして、傾いた壁を耐力壁として利用しましょう

どんな空間が必要かで屋根の形が変わる

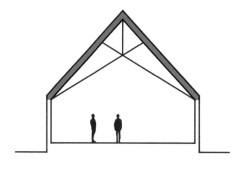

急勾配の切妻屋根は中央部の天井高が高くなります。妻面などから適切に光を導けば、教会建築のような象徴性や上昇感が生まれます

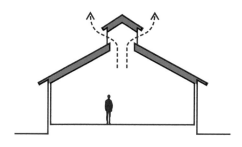

屋根の上にさらに小さな小屋を乗せた越屋根は、暗くなりがちな切妻中央部に光を導くことが可能です。熱気抜きとしても活用できます

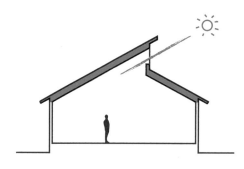

切妻屋根をずらして、ハイサイド状に高窓を設けると、天井面を明るく照らす美しい光が導けます。日射遮蔽が難しいので、高窓の方位に注意してください

越屋根は古民家でもよく使われている。室内から、小屋裏の梁を見せることが多い

まずは四角平面からはじめる

屋根の形を決める前に、まず全体のヴォリュームチェックをしておきましょう。平面は真四角で構いません。四角形ならさまざまな屋根を架けられるし、後で間取りを入れ込むのも簡単。構造、断熱、コスト、どれをとっても有利になるからです。平面が決まったら高さを与え、どんな斜線がかかるかもチェックしておきます。

長方形の平面からはじめる

敷地に敷地境界との間隔を意識しながら、①駐車場、②庭、③建物を順に配置していきます。建物の平面は長方形かつ、東西幅ができるだけ大きくなるように。ただし、あまりに細長くなると間取りがつくりにくくなるので、短辺は3間以上にしておきます、庭の南北寸法は5mを目安に。日当たりを考慮して、建物は北に寄せて配置、玄関の位置も想定します

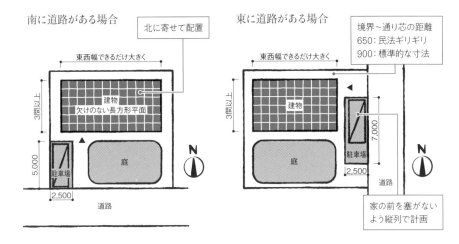

南に道路がある場合

北に寄せて配置

東西幅できるだけ大きく

3間以上

建物
欠けのない長方形平面

駐車場

5,000

2,500

▲

庭

N

道路

東に道路がある場合

境界〜通り芯の距離
650：民法ギリギリ
900：標準的な寸法

東西幅できるだけ大きく

3間以上

建物

庭

▲

駐車場

7,000

2,500

N

道路

家の前を塞がないよう縦列で計画

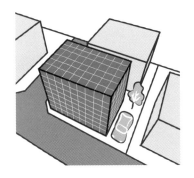

高さはやや高めの7.5mに設定

上記で決めた平面が、コスト条件（坪単価）、法条件（建蔽容積）、居住者数（1人当たり25㎡）に合致するように調整します。平面が決まったら、やや高め7.5mくらいの高さの直方体にして、斜線制限がかかるか検証します。これで、屋根を考える準備が整いました

屋根を美しくしたければ平屋

木造住宅は、無駄な天井懐を減らし、軒高や階高を極限まで下げてやると、水平性が強調され安定感のあるプロポーションにまとまります。もし敷地やコストに制約がないのであれば、「軒を極限まで下げた平屋にし、かつ細長く」してやれば、それだけでデザインは整います。

軒が低く細長い平屋

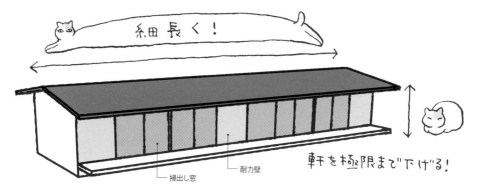

軒の低い平屋の場合、掃出し窓と耐力壁、この2つの要素だけで立面をつくることが可能ですから、立面もすっきりまとまります。縁側状にデッキを設けると、水平性がより強調されます

軒が低い平屋を重ねる

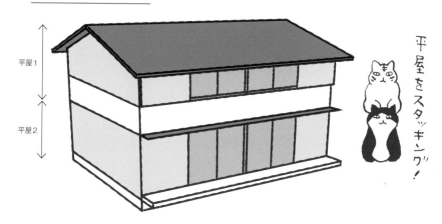

背の高い総2階の住宅は不格好になりがち。この時、「2階建て＝平屋がスタッキングしたもの」と考えて、仕上げや庇などで階を分節すれば、プロポーションを整えることが可能です

左右対称の切妻から考える

屋根形状で、最初に試すべきなのはなんといってもシンメトリーの切妻です。左右対称で形が安定したシンメトリーの切妻が周辺環境にぴったり合うのなら、特に奇をてらう必要はありません。

南が平側の屋根をかける

夏期日射遮蔽、冬期日射取得を考えると、南が平側の屋根が自然です。でも、南北に長いウナギの寝床のような敷地の場合は、南を平側にすると、家の中央が高くなりすぎます。こういう場合は、妻入とし、南に妻面を向けます

南が平側の切妻。夏期日射遮蔽、冬期日射取得ともに良好

南が妻側の切妻。屋根が高いので夏期日射遮蔽に難あり

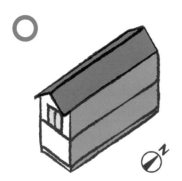

ウナギの寝床の場合は妻面を向けたほうがよい

ウナギの寝床で南に平側を向けると、家の中央が高くなりすぎて3階建てとなってしまうことも

道路付けや平面のプロポーションによって、妻面の方向は変わってくる

切妻のバリエーション

切妻屋根は世界中にある普遍的な形状といえますが、オーソドックスな切妻形状に、ちょっとひと手間加えるだけでも、さまざまな個性的な屋根をつくることが可能です

箱型に近いシャープな印象の軒ゼロの切妻［納まりは152頁参照］を、1階の上にスタッキングさせたもの

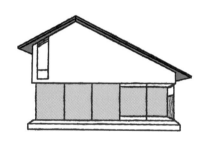

平屋切妻の片方の屋根を伸ばして非対称の大屋根にし、1階の上にスタッキング

袖壁とけらばで家型のフレームをつくり、切妻の妻面を囲ったもの

流造り風に切妻に緩勾配屋根をプラスしたもの。緩勾配屋根は高い位置に屋根掛けします

切妻がダメなら片流れか寄棟

住宅で基本となる屋根は、切妻、寄棟、片流れ屋根、の3つ。まずは、切妻から検討し、切妻でうまくいかない場合は、片流れ屋根と寄棟を検討します。複雑な屋根形状の場合は、片流れ屋根の組み合わせと考えます。どんな屋根をかけるときも、周辺環境との関係を真っ先に考えましょう。

屋根の選択肢は実質この3つ

高度斜線を逆手に取る？

密集市街地で南側隣家上空の光を有効に取り込みたい時は、北下がりの片流れ屋根が有効。取り込んだ光を吹抜けに落とせば、1階まで明るい住宅になります

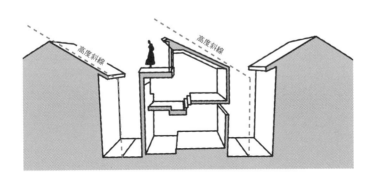

寄棟で斜線をかわす

切妻だと道路斜線に当たってしまうケースは寄棟も選択肢の一つ。ただし寄棟は和小屋[111頁下参照]だと架構がうるさくなりがちです。寄せの頂点に柱を立てて、登り梁[113頁下参照]とすると架構をすっきりと整理できます

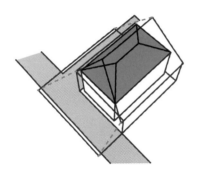

片流れ屋根、寄棟のバリエーション

アシンメトリーの片流れ屋根を、風景となじませるには、勾配を極端に緩くして箱型でみせる、反対方向の片流れでバランスをとるといった方法が有効です。寄棟は架構を組むのが比較的難しいので、切妻屋根を部分的な寄棟にして逃げるという方法も検討してみるとよいでしょう

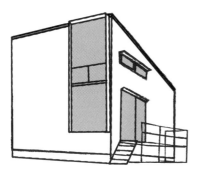

木造で箱型建築をつくるときはパラペットを立ち上げず、5分程度の片流れ板金屋根で処理します

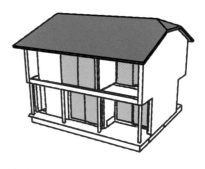

切妻屋根の頂部だけを部分的に寄せ棟状にした半切妻屋根。天空率を使わずに斜線をかわせます

曲面でない屋根は分解すれば必ず片流れにできます。複数の片流れ屋根を組み合わせれば自由な形をつくれます

片流れ屋根は、反対方向に傾く逆勾配の屋根と組み合わせると、立面のバランスが安定します

軒高を下げる限界

一般的に、住宅は軒が低いほうがバランスのよい立面になります。縁側のような中間領域も、軒が低ければ低いほど、囲まれ感が生まれ居心地がよくなります。一方、軒が低くなると、それにつれて内部の勾配天井も下がってきますが、勾配天井は高いところと低いところの差がはっきりあるほうが、魅力的な空間が生まれます。

勾配天井は壁際で2,000mm

壁際に自然に立った時、頭の上に300mmくらいの余裕があれば、勾配天井の高さとしては十分です。勾配が5寸以上の時は、勾配天井の一番低い部分を、1,800mm程度にしても低さは感じません

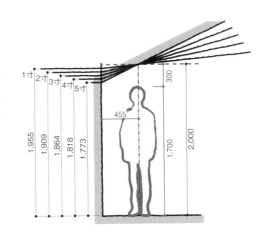

軒の高さは地面から2,100mm

縁側のような中間領域を計画するときは、軒をぎりぎりまで落としてみましょう。外部では、靴を履いて帽子をかぶっても軒に当たらないように、2,100mmくらいを目安にすれば、圧迫感はありません

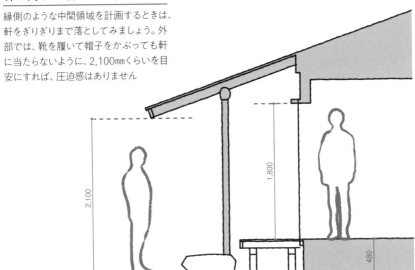

トコロテン方式の裏技も

ここで、屋根の形を考える、とっておきの裏技をご紹介しておきましょう。まず、天井高の変化や光の採り込み方を考えながら、楽しそうな断面を一つ描きます。そして、その断面をトコロテンのように押しだして、形と空間をつくります。たったこれだけのことで、形と空間がいっぺんに完成します。

まずは魅力的な断面を描く

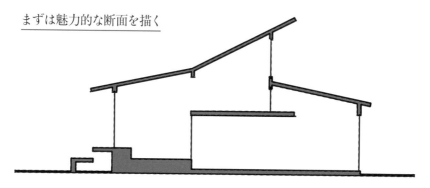

空間の広がりやつなげ方、天井や床の高さ、光の取り方、風の抜け、居場所の取り方、屋根の勾配、軒の出などを考えながら、魅力的な断面を1つ描きます

↓

断面を押し出して形と空間をつくる

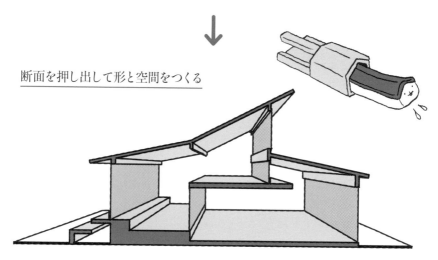

スタートが魅力的な断面なら、押し出してできる空間にも魅力のエッセンスは残ります。平面は単純な長方形になりますから、間取りを後で入れ込むのも簡単です。もともと、平面は諸室の大きさ・関係・動線を表現するのに向いているのに対し、断面は形や空間を表現するのに向いています。形や空間をつくるとき、平面を立ち上げるのではなく、断面を押し出すほうがうまくいくのは当然なのです

第 **2** 章

心地よさを決める
中間領域

「快適な内外の境界部をつくること」は、建築の
永遠のテーマです。

優れた伝統建築や有名建築家の名作建築では、
内外の境界部に工夫や魅力が凝縮しており、ほ
とんどの場合、その境界部には、内と外がまじり
あう「中間領域」がつくられています。

中間領域にはいろいろなタイプがありますが、中
庭、入れ子、らせんなど、一つの幾何学的なルー
ルが形全体のフォルムを決めてしまうものも多
いので、間取りが決まった後に中間領域をつくる
のはなかなか困難です。したがって、中間領域を
考えるタイミングは、早ければ早いほどよいでし
ょう。環境の特性をにらんで、屋根と同時に中間
領域を考えれば、建物のシルエットと内部空間
がいっぺんに決まります。そしてそれがその住宅
にとっての最大の魅力になるはずです。

中間領域はなぜ必要？

中間領域とは、縁側や中庭のように、内部と外部の性格を併せ持つ空間のこと。人は長時間、閉じた箱のなかに閉じこもっていることができませんが、家にいながらにして、外を感じる落ち着いた空間があれば、快適に生活を送れます。メインの開口部の廻りには中間領域で、外と内がなめらかにつながるグラデーションを付けてあげましょう。

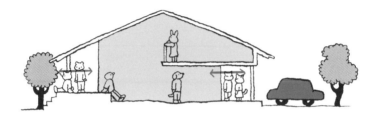

内部と外部のあいだの空間
＝中間領域

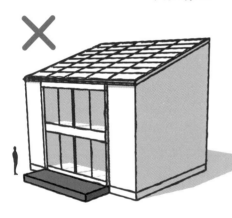

中間領域のない家は
内と外が分断される

開口部を大きくとれば、室内は明るくなります。しかしどんなに窓を大きくとっても、外と内とがガラス一枚で分断されただけの家では、人が長時間そこにいたくなるような落ち着きは得られません

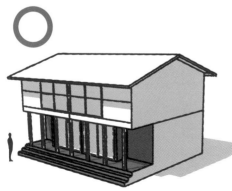

ボリュームの凹凸が
たまり空間になる

開口部周辺にボリュームの凹凸をつくり、開口に「奥行き」を持たせると内外の境界があいまいになり、外と内が緩やかに混ざり合う関係が生まれます。そうなると、外にいても内にいるかのような安心感、内にいても外にいるような開放感が生まれます

建物をどこに開くか

中間領域は環境に対し建物を開く場所ですから、家の周囲で一番環境のよいところ、魅力のあるところに向けるのが鉄則です。建物の周囲を見渡して、隣地のオープンスペースや眺望がよい方向に中間領域を設けます。もし、周囲に何も魅力的なものがなければ、上方向に設けても構いません。そして庭が設けられるのであれば、庭を活用するのも手です。よく観察し、最大限の効果が得られる場所を探しましょう。

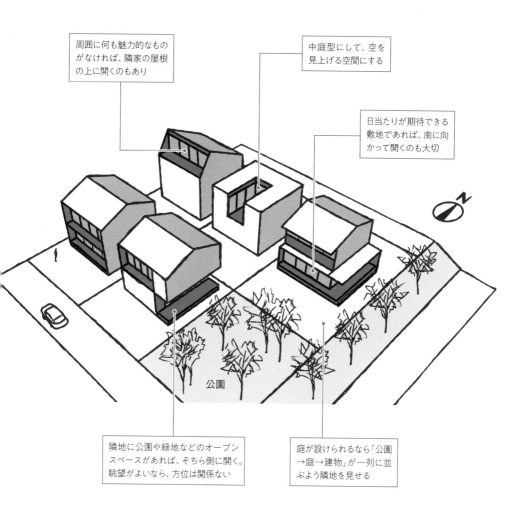

周囲に何も魅力的なものがなければ、隣家の屋根の上に開くのもあり

中庭型にして、空を見上げる空間にする

日当たりが期待できる敷地であれば、南に向かって開くのも大切

公園

隣地に公園や緑地などのオープンスペースがあれば、そちら側に開く。眺望がよいなら、方位は関係ない

庭が設けられるなら「公園→庭→建物」が一列に並ぶよう隣地を見せる

窓で内外の連続感をつくる

中間領域を魅力的に見せるには、開口部の設えが重要です。内と外で壁・天井の素材や色をそろえ、フルオープンサッシやフレームレスサッシで開口部の存在感をできる限り消してやれば、内外がなめらかにつながります。外の地形が室内に流れ込んでくるようにつくるのも効果的です。

内と外の中間の光

中間領域をつくる目的は、内と外の間をなめらかに連続させること。中間領域は、内外の中間の明るさになるように、格子やパーゴラなどで、外から入る光の量を調整するのもよいでしょう

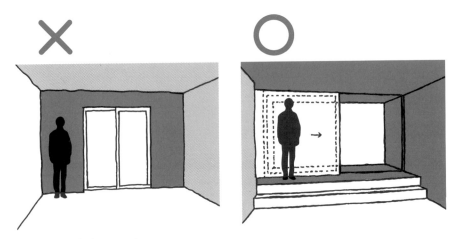

窓の存在感をなくす

窓は、壁際、天井際に寄せ、袖壁や下がり壁をなくすとよいでしょう。そして、できる限り存在感を消してください。フルオープンでき、建具が完全に見えなくなるサッシであれば、室内外のつながりを強調できます

「外よりの内」か「内よりの外」か

家の外に壁を設けると、屋外の部屋のような空間ができます。壁を格子状にすれば、外から目隠ししつつ、窓を開放して室内に光や風を導けます。壁ではなくフレームで囲んでも、囲んだ部分がほかの外部空間から分節された空間として認識されます。このような中間領域があれば、家の外も食事や団らんなどに活用でき、敷地を余すところなく活用できます。

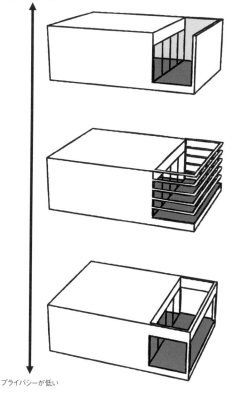

プライバシーが高い

プライバシーが低い

内壁を延長した壁で囲む

中庭状に壁で囲んだアウトドアリビング。光が採り入れられず、暗くなりがちであることには注意が必要ですが、周囲からの目線が気になる都市部でも使えます

格子で囲む

格子やルーバー、メッシュ、エキスパンドメタル、パンチングメタルなど、面として意識されるものを用いれば、風を通しつつも室内空間と一体で使えます

家の輪郭線を延長した
フレームを廻す

もっと簡単に、家の輪郭線を延長するようなフレームを廻すだけでも、外部空間は領域化されます。ピクチャーウインドウのように、風景を切り取る額縁のイメージです

しっかりガード！

奥行き1間なら縁側

最も親しみのある中間領域といえば、屋根のついた縁側です。内と外の間にあるバッファースペースであると同時にコミュニケーションの場でもあります。端部に腰かけるだけの縁側なら半間でも機能しますが、奥行き1間あれば家具を置くことができ、さまざまな活動が可能になります。

1間あれば、家具を置くことも

奥行き1間あれば、家具を置くことができ、食事をしたり、読書したりなどの活動ができます。ちなみに西部劇に出てくるような北米の玄関先のデッキスペースも6フィート＝約1間です

掃出し窓＋縁側的に使えるベンチ

都市部で縁側をつくりにくい場合は、室内に縁側的に使えるベンチをつくりましょう。掃出し窓の前は意外と落ち着かないものですが、ベンチを設けるだけで、人が佇める居場所となります

4畳半なら団らんの中庭

中庭は、外部空間を室内空間のように活用できるプライバシーが守れた中間領域です。ただし、暗く狭い中庭はデッドスペースにしかなりませんので、人が快適に利用できるように中庭の大きさと屋根の高さの設定には注意が必要です。中庭を団らんの場として使うなら、外に椅子やテーブルが置けるくらいの広がりがほしいので、最低でも4畳半、できれば8畳程度の大きさを目標にしましょう。

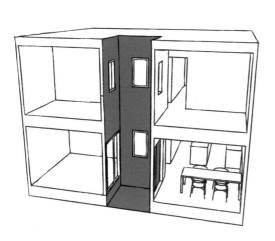

井戸のような中庭

狭小敷地などでよく見る1間角の中庭。これでは、中庭に向けて窓を設けてもほとんど光も入らず、中庭の効果は得られません

中庭は軒高の1.5倍

軒は低く、深くすると空が広く見えます。中庭は軒高の1.5倍程度の広さがあると、明るく心地よく感じます

連続感をどうデザインする？

中間領域は、内と外との間にグラデーションをつくることで生まれますが、中間領域のつくり方はさまざまな方法があり得ます。「入れ子」、「らせん」、「スタッキング」、「分棟」など内外の連続感をどう見せたいかに応じてデザインを決めていきます。

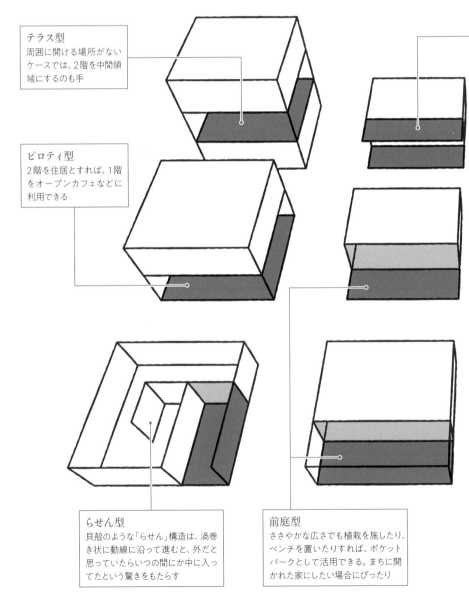

テラス型
周囲に開ける場所がないケースでは、2階を中間領域にするのも手

ピロティ型
2階を住居とすれば、1階をオープンカフェなどに利用できる

らせん型
貝殻のような「らせん」構造は、渦巻き状に動線に沿って進むと、外だと思っていたらいつの間にか中に入ってたという驚きをもたらす

前庭型
ささやかな広さでも植栽を施したり、ベンチを置いたりすれば、ポケットパークとして活用できる。まちに開かれた家にしたい場合にぴったり

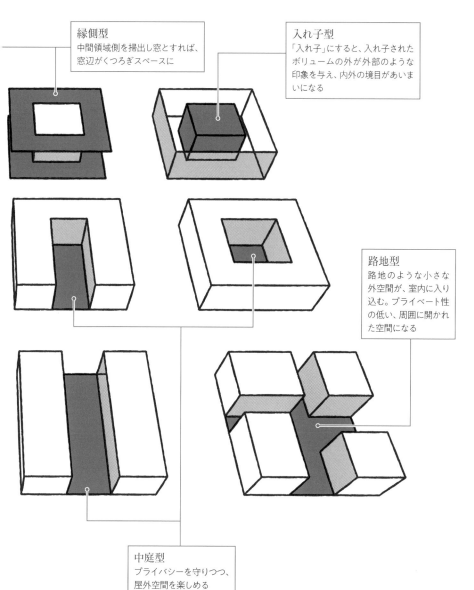

縁側型
中間領域側を掃出し窓とすれば、窓辺がくつろぎスペースに

入れ子型
「入れ子」にすると、入れ子されたボリュームの外が外部のような印象を与え、内外の境目があいまいになる

路地型
路地のような小さな外空間が、室内に入り込む。プライベート性の低い、周囲に開かれた空間になる

中庭型
プライバシーを守りつつ、屋外空間を楽しめる

外を感じる土間

日本人は玄関で靴を脱ぐ習慣があるために、内部の土足ゾーンは人の意識として外の印象を与えます。土足用途として使っていなかったとしても、外部でも使える素材、石、モルタル、タイルなどを内部床に使うだけで、外の雰囲気が醸し出されます。

内外で床素材を連続させ、内外がつながった開口部の表現をとれば、外が内に入り込む印象が強まり効果的です。

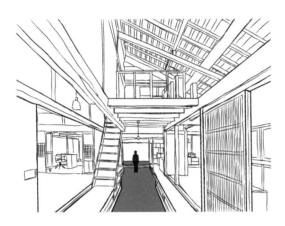

石、モルタル、タイルで外の雰囲気に

外でも使える素材を内部床に使うだけで、外の雰囲気が醸し出されます。ただし、冬はフローリングより冷たくなるので、採用する部屋の用途を考慮します

窓の存在感をなくす

窓は、壁際、天井際に寄せ、袖壁や下がり壁をなくします。そして、できる限り存在感を消してやります。床仕上げは内外で連続させます

温熱に効く中間領域

冬期に日射を取り入れ、夏期に日射を遮るには、軒高の30%の奥行きの庇が適切であるといわれています。高さ2m前後の掃出し窓の前に、奥行き1間の庇を出す場合、中間領域としてはうまく活用できますが、冬期の日射取得という観点から見ると、若干庇が出過ぎです。これを解消するには、以下の方法が考えられます。

夏は日射を遮り、 冬は取り入れる

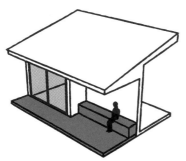

日射取得部分とたまり部分を分けて設ける

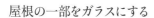

冬期日射取得を期待できる軒の出半間の部分と、奥行き1間のたまり部分を並置して、いいとこどりする方法です

屋根の一部をガラスにする

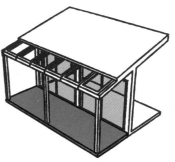

軒の出が1間でも、軒先側半間をガラスに、建物側半間を屋根とし、冬期日射取得が減らないようにする方法もあります

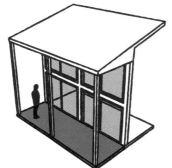

高い位置に屋根掛けする

軒の出が大きくても、軒が高ければ、各階の夏期日射を遮りながら、1階の冬期日射取得を減らさずに済みます

トコロテン方式は中間領域にも

断面をトコロテンのように横に押し出してつくる形状は［31頁参照］、はっきりと方向性があるため、端部や中間部に外部空間を挿入すると、簡単に内外が連続する中間領域がつくれます。屋根、壁、フレームなどを連続させると、より効果的です。

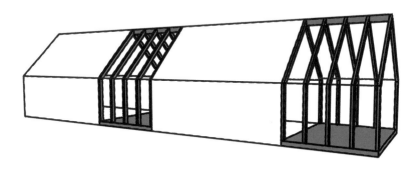

構造体のフレームを内外で連続させる

トコロテン方式では、構造体は押し出す方向に繰り返すのが大原則。中間領域となる部分も内と同じ構造体を繰り返してやると、連続性が強調されます

屋根にも、
中間領域にも
使える！ トコロテン方式

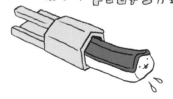

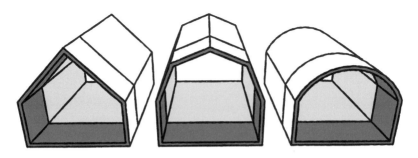

トコロテン方式は特徴的な断面で

断面に特徴があればあるほど、中間領域を設けた時、内外の連続感が強調されます。切妻、ボールト、ギャンブレルなど、対称性があって輪郭を把握しやすい完結した形態は、トコロテン方式と好相性です

中間領域の面積算入・不算入

軒下やテラス、縁側、バルコニー、ポーチ、アプローチなどの中間領域に係る空間は、建物条件や開放性の有無によって、建築面積に算入される場合とされない場合があります。

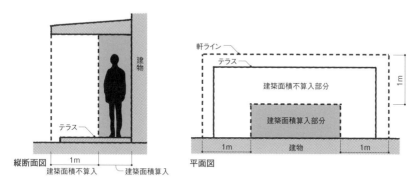

屋根の下に柱がない場合

テラスやバルコニーなどに屋根や庇がかかる場合、屋根の下に柱がなければ、軒先から1mの範囲内までは、建築面積に不算入となります（令2条1項2号）

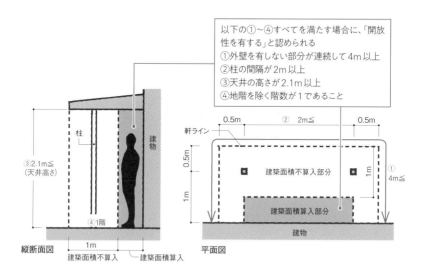

屋根の下に柱がある場合

柱と壁で囲まれた部分は、基本的に建築面積に算入する必要があります。ただし、柱があっても国土交通大臣が「開放性を有する」（平5建告1437号）と認める場合、軒先から水平距離1m以内の部分の水平投影面積は、建築面積に不算入となります

第 3 章

窓は立面から考える

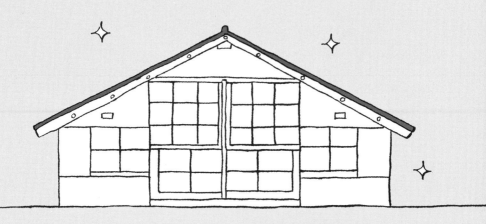

「間取りありき」から「立面ありき」へ。

家を人にたとえるなら、窓は顔の目鼻に相当する最も重要なものです。窓は、見栄えの良し悪しはもちろん、知覚される明るさや広さを変えるデザインの要であるし、室内の温熱環境や居心地を変える性能の要でもあります。

ところが、町中のほとんどの住宅は、間取りが決まった後に、「部屋の中央に部屋の用途に応じた窓を設ける」といった安直なルールで、窓の位置や大きさが決められています。手がかりは部屋の用途とインテリアだけですから、外から見たら福笑いのようなひどい姿になるのは当然です。美しい町並みができるはずもありません。

窓の計画は必ず間取りに先行し、外観から考えていきましょう。

窓の開閉方式と種類はさまざま

ほとんどの木造住宅の外部開口部は、固定用のフィンで簡単に木造躯体にビス留め固定ができる、住宅用サッシが採用されています。色、寸法、ガラス、開閉方式のさまざまな組み合わせを、カタログから選んで発注します。

片開き窓のように開き勝手があるものは平面図、立面図にそれぞれ、勝手を記入する

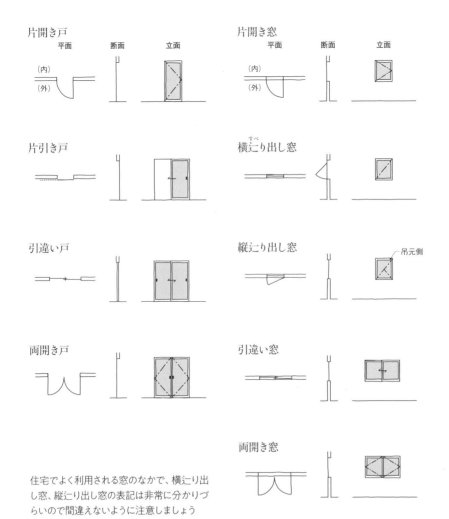

片開き戸

平面　断面　立面

（内）
（外）

片開き窓

平面　断面　立面

（内）
（外）

片引き戸

横辷（すべ）り出し窓

引違い戸

縦辷り出し窓

吊元側

両開き戸

引違い窓

両開き窓

住宅でよく利用される窓のなかで、横辷り出し窓、縦辷り出し窓の表記は非常に分かりづらいので間違えないように注意しましょう

輸入サッシの開き方に注意

輸入サッシには国内サッシにはない動きをするものがあります。ドレーキップ窓(ツーアクション窓)、トップターン、ヘーベシーベなどがよく知られています。海外製品で意外と注意が必要なのは網戸です。内開き系や引き戸系だと網戸は窓の外側につくことになりますが、意匠にすぐれた木製サッシなのに、アルミの網戸が外側につくとデザインが台無しになることがあるので、特に確認が必要です。

ドレーキップ窓(ツーアクション窓)の開き方は2種類

防犯性に配慮した内倒しでちょっとだけ開けるポジションと、内開きで大きく開くポジションの2種類を選べます

横軸回転するトップターン

最大170度まで横軸回転する窓。一回転させると窓の外部側が内側を向くので、室内から窓の外部側を清掃することができます

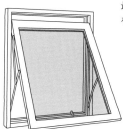

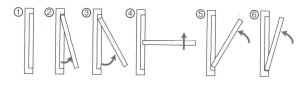

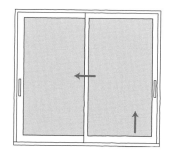

大きな窓がほしいならヘーベーシーベ

引戸を持ち上げスライドさせる機構を持つ、気密性の高いサッシ。重さを気にしなくてよいので、巨大な障子をつくることができます

既製サイズでコストを抑える

住宅用サッシは沢山の開閉方式がありますが、窓の種類ごとに製作可能なサイズは異なります。カタログに明記された製作可能範囲内なら特注サイズも可能ですが、既製サイズを守るとコストは抑えられます。防火制限がかかる場合は、窓の大きさが小さく制限されたり、シャッター付きの商品を選定しなければならないことがあります。

台風時に割れないようにするため、窓面積が大きくなると、ガラスは厚いものを入れる必要が出てきます。防犯性能を高めるため、一階には防犯合わせガラスとLow-E単板ガラスの複層ガラスを採用する家も増えてきています。

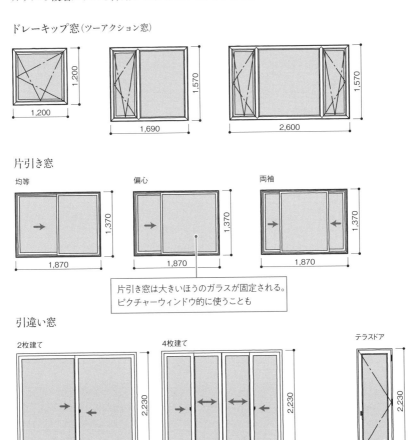

ドレーキップ窓（ツーアクション窓）

片引き窓

均等　　偏心　　両袖

片引き窓は大きいほうのガラスが固定される。ピクチャーウィンドウ的に使うことも

引違い窓

2枚建て　　4枚建て　　テラスドア

引違い窓は障子（可動建具）が2枚とは限らない。枚数が増えれば横幅も広がる

テラスドアは外から施錠ができるので玄関に使うという手も。網戸も設置可能

縦辷り出し窓

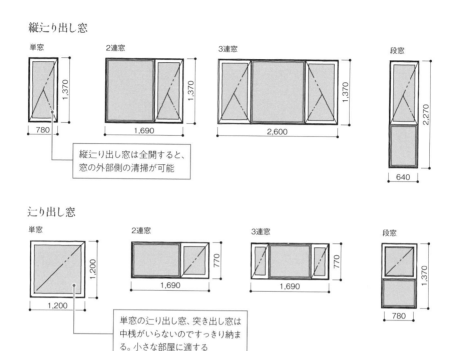

単窓 780 × 1,370
2連窓 1,690 × 1,370
3連窓 2,600 × 1,370
段窓 640 × 2,270

縦辷り出し窓は全開すると、
窓の外部側の清掃が可能

辷り出し窓

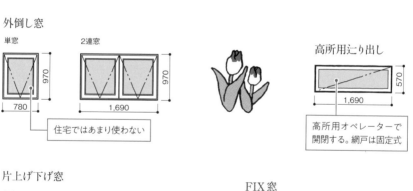

単窓 1,200 × 1,200
2連窓 1,690 × 770
3連窓 1,690 × 770
段窓 780 × 1,370

単窓の辷り出し窓、突き出し窓は
中桟がいらないのですっきり納ま
る。小さな部屋に適する

外倒し窓

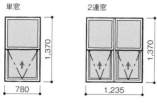

単窓 780 × 970
2連窓 1,690 × 970

住宅ではあまり使わない

高所用辷り出し

1,690 × 570

高所用オペレーターで
開閉する。網戸は固定式

片上げ下げ窓

単窓 780 × 1,370
2連窓 1,235 × 1,370

上げ下げ窓は、意匠性、気密性、防
犯性、使い勝手などの観点で辷り出
し窓と比較しながら選んでいくとよい

FIX窓

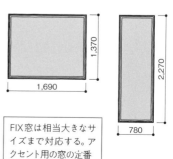

1,690 × 1,370
780 × 2,270

FIX窓は相当大きなサ
イズまで対応する。ア
クセント用の窓の定番

メインの窓は日本的につくる

日本の伝統的な建築は、建具を開放すると柱と梁だけが残るつくりになっています。柱と柱の「間の戸」ということで「間戸」という字があてられたという説があるようです。LDKや中間領域に面するメインの開口部はこの「間戸」の取り方で、大きく開口するとよいでしょう。

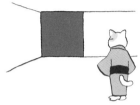

全開放できる窓または嵌め殺し窓を、壁際天井際に設ける形でも「間戸」の雰囲気はつくれる

日本建築の「間戸」

この事例は、欄間があるが下がり壁や垂壁など、余分な壁は一切なくし、できるだけ天井いっぱいになるように開口するのが間戸のときの原則

このイラストの栗林公園掬月亭(香川県高松市)は3方向が間戸になっています。このように間戸の開口方向が増えてくると、縁側だけでなく、間戸に囲まれた空間全体が周囲の環境と一体となった、中間領域に感じられます

水廻りの窓は欧米的につくる

windowという単語はwind（風）のow（目）というという意味。つまり「風孔」です。この手の窓は壁面にポツンと取られた窓ということで、「ポツ窓」と呼ばれることもあります。寝室や水回りなど、メインの間戸以外の窓は「間戸」でなく「風孔」で小さくとるとよいでしょう。

レンガ造の洋館の「風孔」

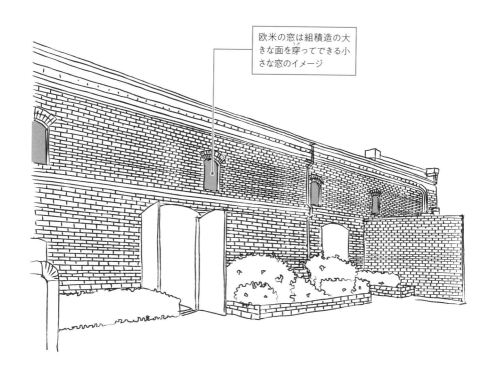

欧米の窓は組積造の大きな面を穿ってできる小さな窓のイメージ

「間戸」と「風孔」はデザイン的には大きさも性格も異なる窓ですから、「南面は間戸、東・西・北面は風孔」というように、できるだけ同一面に隣り合わせにならないように配置するほうがよいでしょう

開かずの窓をつくらない

窓は開閉方式や大きさだけでなく、設ける位置がとても重要です。位置を間違えると、日射し、光、風、景色はうまく取り込めませんし、プライバシーも確保できません。

日中は室内のほうが外より暗いので、家の中は意外と見えないものですが、「道路やお隣からのぞかれている感じがする」ということで、雨戸やカーテンが閉めっぱなしの家はよくあります。せっかく窓があるのに、開けられないのでは全く意味がありません。「開かずの窓をつくらない」ことは窓の計画の基本です。

隣家と目が合うのはNG

窓は隣家と向かい合わないように設けるのが基本。平面的な位置がそろってしまったら、地窓や高窓にして視線を避けましょう。また民法には目隠し請求権というものがあるので、敷地境界から1m以内にある窓は、すりガラスや型板ガラスにしておきます

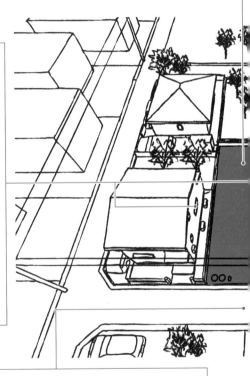

周囲からのぞかれる問題

のぞかれる問題は、隣家の窓配置、隣家までの距離、目隠しのあるなし、植栽の位置塀などの障害物、道路からの見え方等を入念に調べ、クライアントにどこからの視線を気にするかをヒアリングしておけば、後で問題になることはないでしょう。しかし、もし何も調査しなければ、家ができてから視線が合うことに気づくことだってあり得ます。間取りづくりをする前に必ず丹念な敷地調査をしておきましょう

開けた方向にピクチャーウインドゥを設ける

「開けた方向に取る」というのは窓の取り方の基本のひとつ。方位に関わらず、公園、河川、緑道、など、公共のパブリックスペースがあるならば、迷わず大きく開口しましょう。隣家の庭に窓を向ける場合は、建て替え後の姿を判断の決め手に。南側なら将来も庭になる可能性が高そうです

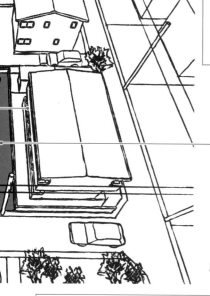

隣家の影になるところはNG

南側の2階建て隣家まで3〜4m程度しか離れていないないならば、冬場一階のリビングにはまず、日が当たりません。ところが、間取り図だけで家の計画をしていると、南の隣家の影に気が付きません。隣家の影を気にせず、方位が南というだけで、1階リビングに大きく窓を設ける家は、日当たりが悪いだけでなく、終日南側隣家の薄暗い北の壁を見て過ごさなければなりません。驚くべきことですが、新興住宅地では、こういう家が当たり前のように建っています

立面もゾーニングが必要

間取りをつくる時は似通った機能をグルーピングして、機能別に「ゾーニング」行うのが一般的です。立面をつくる時も、このゾーニングの考え方が有効です。立面を窓のゾーンと壁のゾーンに2分して、壁と窓をできるだけ単純な形にレイアウトして整理するのです。複数の窓はできるだけ大きな一つの窓にまとめましょう。

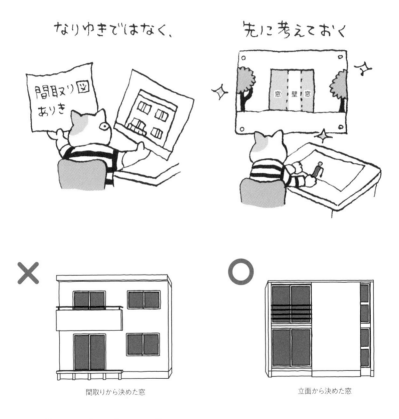

間取りから決めた窓

立面から決めた窓

窓のゾーンと壁のゾーンに分ける

左は部屋の用途に応じ、部屋中央に幅1間の窓を設けた間取り優先の立面。右は窓のゾーンと壁のゾーンを意識して、複数の窓を一つにまとめた立面です。右図のような整ったゾーニングができれば、それが手がかりになって、間取りの骨格も同時に整理されます

立面は縦か横に3分割

立面をゾーニングする時は、見る人が読み取りやすいように、できるだけ単純な形で面を分割するのがよいでしょう。最も単純な分割パターンは、高さ方向・または幅方向を2〜3分割する、ストライプ状のゾーニングです。

スタッキング方式

高さ方向を上中下に3分割するのが立面ゾーニングの基本です。1階、2階、小屋裏の3つに分割すれば、プライバシーに対応した窓の計画も可能です

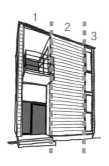

横並び方式

高さ方向の分割がうまくいかないときは、横並びの分割も検討します。壁面を窓、玄関、バルコニーなどの開口部ゾーンと壁のゾーンに2分して、ストライプ模様をつくります

縦横に分割したゾーンの窓配置

分割したゾーンに窓を設けるときは①ゾーン全体を窓にするか、②ゾーンに1つだけ窓を設けると立面はきれにまとまります。隣家が迫っていない地域なら、思い切ってゾーン全面を窓にしてみましょう。また都市部で窓を開ける場所が限られる場合は、面に1つだけ窓を設けて、メリハリのある立面をつくります

外観は平屋を重ねるイメージ

家の外観を手っ取り早く格好よくまとめたければ、平屋で考えるのが得策です。しかし、敷地が狭くコストが限られる時は、サイコロのようにずんぐりむっくりした形状の総2階にせざるを得ないこともあります。そんな時は、壁面を上下に分割し、平屋を2つ積み重ねたようにつくれば、デザインは整います。

平屋をスタッキング！

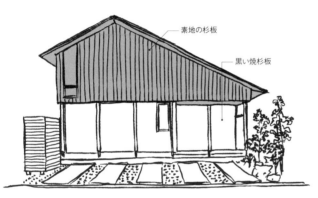

素地の杉板

黒い焼杉板

材料や色を変えて上下を分割

1階と2階で材料や色を変えると、スタッキングが強調され、立面にメリハリが生まれます

庇

オーバーハングした2階

庇・オーバーハングで境目をつくる

階の境目に庇を付けたり、オーバーハングで段差を設けたりすれば分割ラインが強調されて外観が間延びして見えるのを防げます

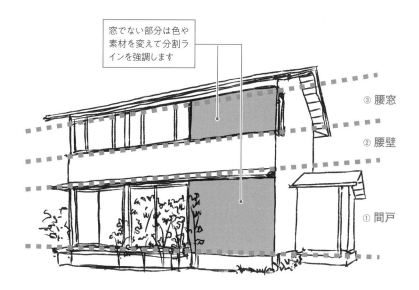

窓でない部分は色や
素材を変えて分割ラ
インを強調します

③ 腰窓

② 腰壁

① 間戸

腰窓＋腰壁＋間戸が基本

2階建てのとき、2階の窓は腰窓にするのが普通です。この時、腰の部分にスタッキング方式の
②のゾーンを割り当て、③2階腰窓、②2階腰壁、①1階間戸とすれば、無理なくスタッキング
方式の立面がつくれます

×

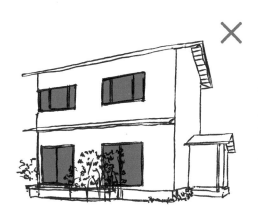

窓の周囲が余るのはNG

インテリアで窓の周囲に下がり壁
や袖壁があるとだらしないのと同
様に、立面でも窓の周囲が余ると
ゾーニングが意識できなくなり、デ
ザインがまとまりません

間口を分割するゾーニングの鉄則

上下にスタッキングした形がうまくいかない時は、外観を横分割する作戦もあります。戸建てではちょっとやりにくいですが、各階で間取りをそろえ同じ位置に掃出し窓を設ければ、自動的に横並び方式のゾーニングとなります。

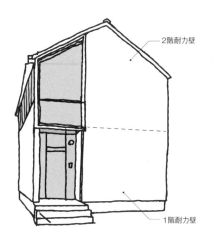

2階耐力壁

1階耐力壁

窓は縦にそろえる

通常、組積造の建物は窓が縦にそろっています（市松状に耐力壁を並べる方法も、構造的には理に適っています）。木造でも耐力壁がそろっていれば、地震時台風時の力の流れはスムーズです

✕

色だけで切り替えるのはNG

町中で、色違いの同一素材で縦ラインをつくっている家を見かけますが、凹凸もなく同素材の別の色を並べるのは、安っぽくなりがちなので注意してください

沢山の窓が同一面に並ぶときは?

窓は少なければ少ないほど立面の意匠はまとめやすくなりますが、一つの面に主要な部屋が並んでくれば、沢山の窓を設けざるを得ないこともあるでしょう。そんな時有効なのは、面内の窓の種類を全部同じものにする方法です。

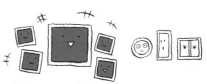

全部同じ形の窓なら、立面は整う

窓の形をそろえる

大きさも形も全く同じものであれば、理想的ですが、大きさがバラバラでも、すべて正方形、すべて同一プロポーションの長方形、すべてがスリットという具合に、窓の形をそろえるだけも立面は整います

サブ　　メイン　　サブ

メインの間戸、サブの風孔

どうしてもプロポーションの異なる開閉方式の窓が一つの面に並んでしまう時には、「大きめの間戸と小さめの風孔」というようにして、「メインの窓＝間戸、サブの窓＝風孔」ということがはっきり伝わるようにするのがよいでしょう

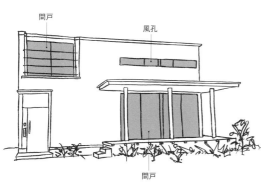

間戸

風孔

間戸

窓は日当たりのよいところに設ける

家づくり・家探しをする時に日本人なら真っ先に気にするのが日当たりでしょう。1月の正午、南の垂直面が受ける熱量は約580W/㎡。日当たりのよい敷地で、建物の断熱性能を高め、南側を大きく開口すれば、窓は暖房に早変わり。南側に大きな窓があれば、太陽電池を載せなくても、太陽のエネルギーをタダで利用できるのです。でも、夏場の対策として、庇やすだれなどで日射を遮ることを忘れずに。

各方位における時間ごとの全天日射量（東京：月間平均値）

夏は屋根などの水平面の日射量が多い

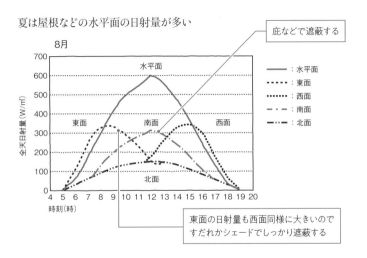

庇などで遮蔽する

東面の日射量も西面同様に大きいのですだれかシェードでしっかり遮蔽する

冬は南面の日射量が多い

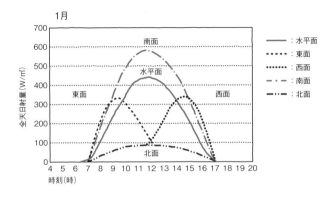

※出典：『自立循環型住宅への設計ガイドライン』建築環境・省エネルギー機構2006

窓は景色のよいところに設ける

敷地に眺めのよい場所があるならば、迷わずそこに向けて窓を取りましょう。景色のよい方向が南側ではない時は、窓の高さを抑えるなどして、ヒートロスを減らす工夫も必要です。ピクチャーウインドウのように風景を切り取るもの有効です。敷地が狭い時は隣家の緑を借景するという作戦もありです。でも、相続などで景色がガラッと変わってしまうこともあるので、隣家に期待しすぎは禁物です。

眺めのよい場所に窓をとる

窓や庇がつくるフレームで風景を切り取れば、インテリアに絶大な効果をもたらします。優れた景色は、どんなに高価な材料を使っても実現できないほど、室内の環境を激変させます

外のような内、内のような外

景色のいいところに窓を取るときは、中間領域と組み合わせるとよいでしょう。窓際に縁側のような空間があれば、そこが活動のための「居場所」となって、読書しながら、食事しながら、ゆっくり景色を楽しめます

窓は断熱のかなめ

断熱等級4の住宅で、床・壁・天井・窓・換気の熱の収支を計算すると、夏は73％の熱が窓から侵入、冬は58％の熱が窓から逃げていく計算になるそうです。住宅の外皮のうち、窓の占める面積は5〜10％程度と小さいですが、出入りする熱の量は最大です。したがって家の断熱性能を高めるならば、窓の性能アップが必須です。

開口部は断熱のキモ［※］

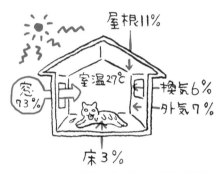

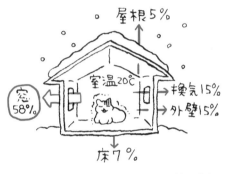

夏の冷房時（昼）に開口部から73％の熱が入ります

冬の暖房時に開口部から58％の熱が流失します

ガラスの日射透過率

単板ガラス
（3mm）

ペアガラス
（3mm＋A12＋3mm）

遮熱高断熱Low-E
ペアガラス（3mm＋A12＋3mm）

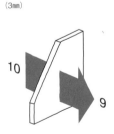

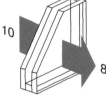

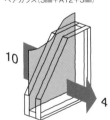

熱貫流率 6.0W／㎡·K

熱貫流率 2.9W／㎡·K

熱貫流率 1.7W／㎡·K

開口部のガラスの種類、枚数によって、出入りする熱の量は大きく変わります。これからの住宅では、必ずガラスは複層ガラス、トリプルガラスを採用しましょう。Low-Eガラスを表裏どちら向きで入れるかでも、日射取得の熱の量は変わります。南とそのほかの方位で取得型ガラス、遮熱型ガラスを使い分けるのが原則となります

※出典：一般社団法人日本建材・住宅設備産業協会 省エネルギー建材普及促進センター「省エネ建材で、快適な家、健康な家」。
平成11年省エネ基準レベルの断熱住宅での試算

サッシの種類と性能

住宅でよく使われているサッシとしては、①アルミ、②アルミ樹脂複合、③樹脂、④木製があります。ただし、コストと性能を考慮すると現在は実質②と③の2択であるといえます。両者を比較した場合、断熱性能は樹脂が有利、枠の細さと価格ではアルミ樹脂複合が有利です。ただ樹脂サッシの価格が下がってきているので、これからの時代は樹脂サッシが標準となっていくと思われます。

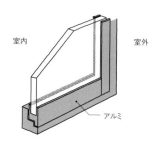

低価格なアルミサッシ

低価格。かつては主流だったが、断熱性能が極端に低く、枠にも結露が発生するので、今は採用すべきではありません

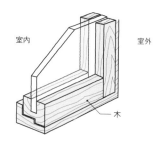

意匠性に優れる木製サッシ

性能も意匠もよいが、価格が高く、防火が取りにくいサッシです。外部側の耐久性にも配慮が必要で、アルミでカバーされた商品もあるが、さらに価格は高くなります

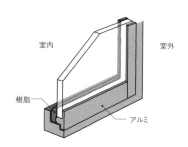

価格・意匠のバランスがよい
アルミ樹脂複合サッシ

枠・障子の細さと価格の低さでは、アルミ樹脂複合が有利です。バリエーションも多く台型FIXなどアルミ樹脂複合サッシでないと対応しにくいものもあります

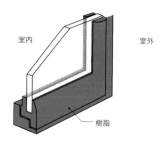

これからの標準になる
樹脂サッシ

枠・障子が太くなるものの、樹脂サッシだと成立しないデザインをしている設計者はほとんどいないので、ハウスメーカーでも工務店でも、これからの時代は樹脂サッシが標準となっていくと思われます

日射取得と遮蔽のバランスをとる

東京の南中高度は、夏至は78度、冬至日は32度となります。窓上に窓高さの30%程度の出の庇をつけることで、夏は太陽の熱を遮り、冬は熱を取り込むのは、先人たちの知恵です。

2階建ての場合、南側に軒を出せば2階の窓の庇は不要になりますが、1階窓には影ができないので、1階には庇などを必ず設置しましょう。東西面は庇では遮蔽がしにくいので、窓は意匠・眺望・採光を考えながら、必要最小限に絞り、シェード、すだれ、外付けブラインドを設置しましょう。

北側は夏場朝日夕日が射すので、遮熱型Low-Eガラスを採用しておきましょう。

庇をうまく活用する

1階の窓上には
必ず庇を設ける

軒

庇

シェード

シェード

シェード

南西面はシェード
などで日射遮蔽

窓は多方向に設ける

温熱環境を考えた場合、窓は南面に集中させたくなるものですが、1方向の光だけだと、窓の量が多くても室内は薄暗く感じます。家の反対側までまで光が届きませんし、窓と壁のコントラストがありすぎて、かえって暗く見えがちだからです。光はできるだけ多方向かつ立体的に導入し偏りをなくします。

1方向からの光は薄暗く見えがち

風が抜ける窓

家の対角方向に窓を設ければ、空間に広がりが生まれ、自然と風も抜けていきます

窓は際に寄せる

窓を部屋の中央でなく、天井や壁の入隅に寄せると、寄せた側の天井、壁に光がうまく廻り、部屋全体が明るくなります。南に大きく窓を設けるときは、隣り合う北を向いた壁部分が輝度の差から暗く見えるので、東や西側のコーナーに縦スリット型の窓を取ると効果的です。

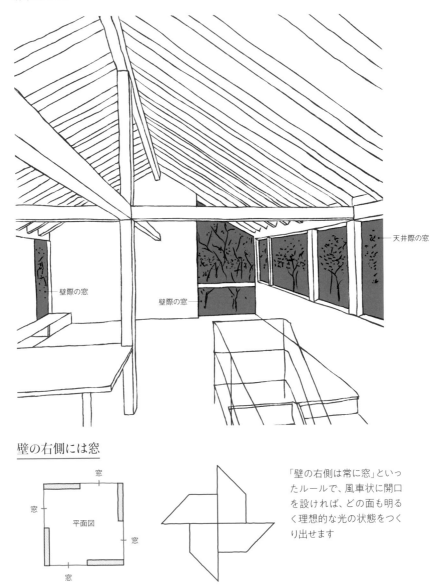

天井際の窓

壁際の窓

壁際の窓

壁の右側には窓

窓

窓

窓

平面図

窓

窓

「壁の右側は常に窓」といったルールで、風車状に開口を設ければ、どの面も明るく理想的な光の状態をつくり出せます

南側に隣家が迫るときは高窓

南側に隣家が迫るときは、2階やさらにその上のハイサイドから採光して吹抜けで光を落とすのが鉄則です。ハイサイドライトは、前面に障害物がないので、小さくても十分な量の光が得られます。

南向きなら900〜1,300mm程度あれば十分

南向きなら高さは900〜1,300mm程度あれば十分です。差し掛け屋根でハイサイドライトを南に取る場合は、軒の出がつくりにくいので、むしろ夏場の日射遮蔽を気にしたほうがよいでしょう

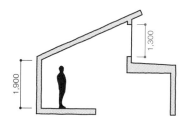

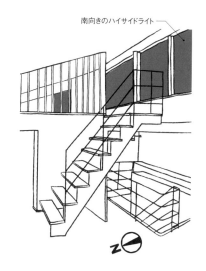

南向きのハイサイドライト

北向きなら安定した光が注ぐ

あえて北向きにも設けるのも一つの手です。北向きのハイサイドライトは、太陽光発電とも相性がよいです

1日を通して明るい部屋になる

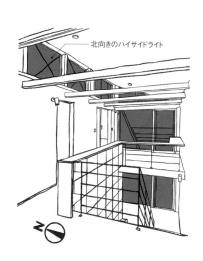

北向きのハイサイドライト

第 **4** 章
今どきスタイルの架構

「大黒柱」で「がらんどう」をつくる。

かつて民家には必ず屋根の棟木を支え、四方から梁がささる太くて大きな大黒柱がありました。大黒柱は家のほぼ真ん中に象徴的に立っています。間取りはこの大黒柱を中心に構成されていました。

一方一般的な現代の住まいでは、こうした大黒柱は設けません。建て主の望む間取りを実現することを最優先に考えて、柱の上に梁が乗る梁勝ちの架構を採用しているからです。これなら架構と間取りが整合せず、1階と2階で全く違った間取りでも成立します。しかし、そうした構造体は、力の流れが極めて不自然で、美しくないため、構造体を露出させることは到底できません。

ここでは、古い民家の大黒柱と、梁勝ちのよいところを取り入れた「がらんどう」の架構を紹介します。まず、間取りを描く前に、古い民家の大黒柱にならい、屋根の棟木を支える1〜2本の柱を1階までまっすぐ通します。ただし、架構は梁勝ちで組みます。そうすれば大黒柱ほど太くない柱で間に合います。さらに耐力壁を外周部でとれば、どんな間取りにも対応できる「がらんどう」が簡単につくれます。

単位空間は455刻みで考える

大黒柱のある整った架構をつくるには、できる限り間仕切壁をモジュールにのせるほうがよいでしょう。その際910モジュールに無理に合わせようとすると、家が大きくなったり、上下階がそろわなくなったりするので、私は455モジュールにのせることを原則としています。

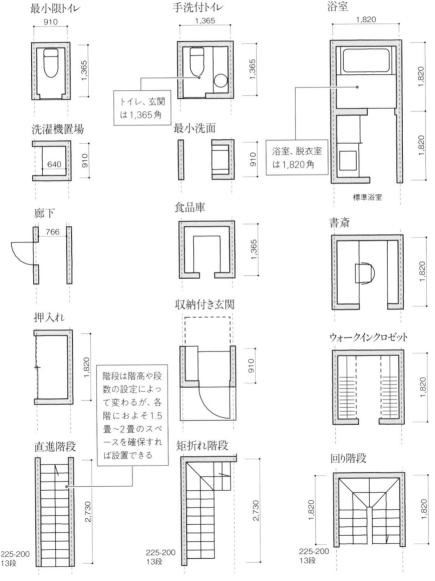

最小限トイレ
910
1,365

洗濯機置場
640
910

廊下
766

押入れ
1,820

直進階段
2,730
225-200
13段

手洗付トイレ
1,365
1,365

トイレ、玄関は1,365角

最小洗面
910

食品庫
1,365

収納付き玄関
910

階段は階高や段数の設定によって変わるが、各階におよそ1.5畳〜2畳のスペースを確保すれば設置できる

矩折れ階段
2,730
225-200
13段

浴室
1,820
1,820
1,820

浴室、脱衣室は1,820角

標準浴室

書斎
1,820

ウォークインクロゼット
1,820

回り階段
1,820
1,820
225-200
13段

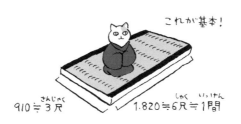

これが基本!

910 ≒ 3尺

1,820 ≒ 6尺 ≒ 1間

標準キッチン

2,275

650　830　650

2,730

ダイニングテーブル

1,820

ウォークスルークロゼット

1,820

最小限個室

2,275

約4畳の子ども室

2,730

2,275

子供部屋は2,275
角（または2,275×
2,730）

6畳の洋室

3,640

約7畳の主寝室

3,185

3,640

主寝室は3,185
角あれば、シング
ルベッドが2台
無理なく置ける

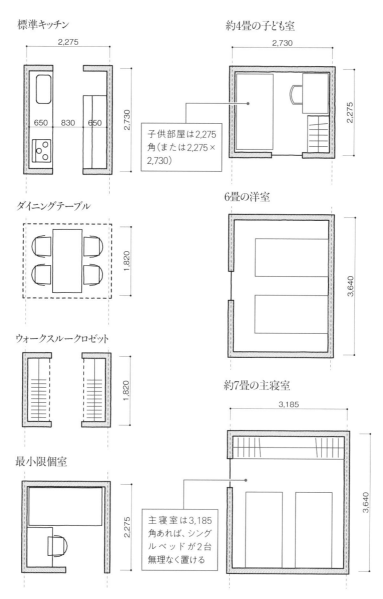

定尺を使って木材ロスなし！

木材材種によって流通する材の寸法は変わってきます。流通する規格材を、使用する部位の性格ごとに適材適所で組み合わせ、できるだけ加工せず、かつロスが出ないように使うのが木造住宅の基本です。

一般流通材の規格

下表は安価に入手できる一般流通材のサイズをまとめたものです。構造・下地を問わず、できるだけKD材を使い、JAS材でない材を構造用として使う場合は必ず無等級材として構造計算することが設計上の要点です

表1: 木材の定尺

使用部位	木口の短辺	木口の長辺（成）											
土台	105							105					
土台	120								120				
柱	105							105					
柱	120								120				
梁	105							105	120	150	180	210	240	270
梁	120								120	150	180	210	240	270
母屋	90						90						
母屋	105							105		150	180	210	240
母屋	120								120	150	180	210	240
間柱	45							105	120				
間柱	30							105	120				
垂木、根太	45		45	55	60	75	90	105	120				
垂木、根太	60				60								
野縁	30	40											

注記：
-「さんごかく」（土台 105）
-「よんすんかく」（柱 120）
- 間柱の短辺寸法は、構造用面材の張り方や断熱材の寸法にも関係する
- 1間以上母屋をとばす場合は、150以上の材を使うことも
-「いんにっさん」（野縁 30・40）

表2: 木材の規格

KD材	Kiln Dryの略で人工乾燥材のこと。表面仕上げを施したものはSD（Surface Dry）と表現されることもある。未乾燥材はグリン材と呼ばれる
目視等級区分	節や丸み等、材の欠点を目視により測定する等級区分。目視等級区分で分類されたJAS材もある
機械等級区分	機械によりヤング係数を測定する等級区分。大きな曲げを受ける材はE110などを指定するとよい

垂木にツーバイ材を使うこともある

木口短辺の長さは38mmと通常の垂木より細く、長辺は89mm、140mmと長いので、構造露しで細い垂木の連続を見せたい場合に使うこともあります。またツーバイ材の垂木間に厚い断熱材を充填するケースもあります

表3：ツーバイ材サイズ

呼称寸法	型式	実寸法(mm) 厚×幅	樹種
ツー・バイ・フォー	204	38×89	
ツー・バイ・シックス	206	38×140	
ツー・バイ・エイト	208	38×184	SPF・ダグラスファー
ツー・バイ・テン	210	38×235	
ツー・バイ・トゥエルブ	212	38×286	

表4：ツーバイ材の長さ

長さ	
フィート(F)	ミリ(mm)
10F	約3,050
12F	約3,660
14F	約4,270
16F	約4,880
18F	約5,490
20F	約6,100

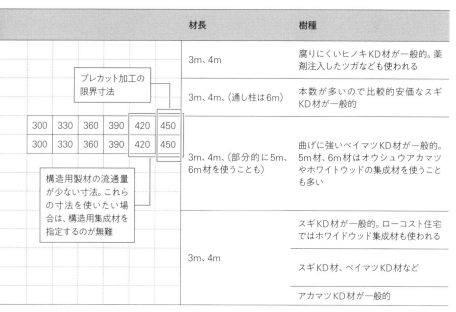

	材長	樹種
	3m、4m	腐りにくいヒノキKD材が一般的。薬剤注入したツガなども使われる
プレカット加工の限界寸法	3m、4m、(通し柱は6m)	本数が多いので比較的安価なスギKD材が一般的
300 330 360 390 420 450 300 330 360 390 420 450 構造用製材の流通量が少ない寸法。これらの寸法を使いたい場合は、構造用集成材を指定するのが無難	3m、4m、(部分的に5m、6m材を使うことも)	曲げに強いベイマツKD材が一般的。5m材、6m材はオウシュウアカマツやホワイトウッドの集成材を使うことも多い
		スギKD材が一般的。ローコスト住宅ではホワイトウッド集成材も使われる
	3m、4m	スギKD材、ベイマツKD材など
		アカマツKD材が一般的

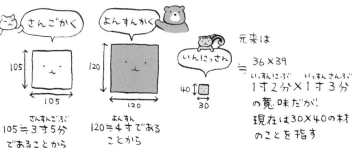

構造用面材は適材適所に

現代的な手法で屋根・壁・床をつくるには、「線」状の構造体に、「面」材を張る必要があります。面材の厚みや強度によっておおむね@455～@910で構造体が必要になります。

床下地、屋根野地板用面材

材料は針葉樹構造用合板で、面材の寸法は910×1,820、尺寸法でいえば3尺×6尺、いわゆる「三六版」が基本になります

針葉樹構造用合板 特類
910×1,820 t24～28

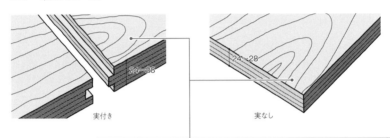

実付き　　　　実なし

> おもに床や剛床となる屋根に使う。実が付いたものと、実なしのものがある。下地ピッチは910mm。実付きのものを構造体に直交させて千鳥張りするのが基本。床倍率を高める場合は910ピッチに甲乙梁（小梁）を入れて「日」の字状に4辺+中央を釘打ちする［81頁参照］。この場合、実はなくても構わない

針葉樹構造用合板 特類
910×1,820 t12

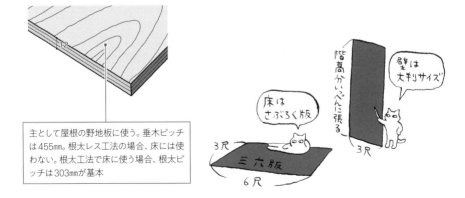

> 主として屋根の野地板に使う。垂木ピッチは455mm。根太レス工法の場合、床には使わない。根太工法で床に使う場合、根太ピッチは303mmが基本

階高分いっぺんに張る

壁は
大判サイズ

床は
さぶろく版

3尺

三六版

3尺

6尺

壁用面材

外壁下地用の構造用面材は、壁の途中にジョイントが出ないよう、階高分がいっぺんに張れる大判のサイズを使うのが一般的。透湿性、防火性、壁倍率、コストなどでどの面材を使うか判断します

構造用合板 9mm

910×2,430、910×2,730、910×3,030

壁の仕様	釘の種類	釘間隔(mm)		倍率
		外周	中通り	
大壁、大壁床勝ち	N50	150	150	2.5
大壁、大壁床勝ち	N50	75	150	3.7

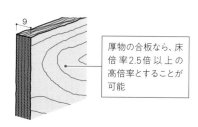

厚物の合板なら、床倍率2.5倍以上の高倍率とすることが可能

ダイライト(火山性ガラス質複層板) 9mm

910×2,730、910×3,030

壁の仕様	釘の種類	釘間隔(mm)		倍率
		外周	中通り	
大壁	N50	100	200	2.5

＊大壁床勝ち仕様は不可

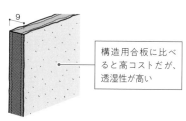

構造用合板に比べると高コストだが、透湿性が高い

モイス(多機能ケイ酸カルシウム板) 9.5mm

910×2,420、910×2,730、910×3,030

壁の仕様	釘の種類	釘間隔(mm)		倍率
		外周	中通り	
大壁	N50	125	250	2.5
大壁	N50	75	150	3.8

＊大壁床勝ち仕様は不可

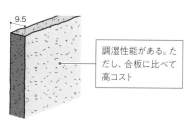

調湿性能がある。ただし、合板に比べて高コスト

ノボパン(パーティクルボード) 9mm

908×2,440、908×2,730、908×3,030

壁の仕様	釘の種類	釘間隔(mm)		倍率
		外周	中通り	
大壁、大壁床勝ち	N50	150	150	2.5
大壁、大壁床勝ち	N50	75	150	4.3

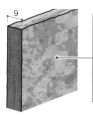

木材をはじめとする植物繊維質の切削片・破砕を接着剤で成板したもの。構造材と仕上げとを兼ねることもある

OSB(配向性ストランドボード) 9mm

910×2,730、910×3,050

壁の仕様	釘の種類	釘間隔(mm)		倍率
		外周	中通り	
大壁、大壁床勝ち	N50	150	150	2.5
大壁、大壁床勝ち	N50	75	150	3.7

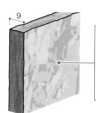

木材の切削片を接着剤とともにプレスして成形したもの。構造材と仕上げとを兼ねることもある

まずは「がらんどう」をつくる

屋根や中間領域の検討で屋根のシルエットが決まったら、その輪郭に沿って構造体を配置します。屋根の稜線＝棟木部分にも構造体を配置しますが、この時その稜線を支える柱を1階までまっすぐ下ろします。この時、耐力壁はできるだけ外周でとるようにすると、内部に数本の柱が建つだけの「がらんどう」空間が簡単につくれます。広々としたがらんどう空間をつくっておけば、後から、どんな間取りにも対応できます。

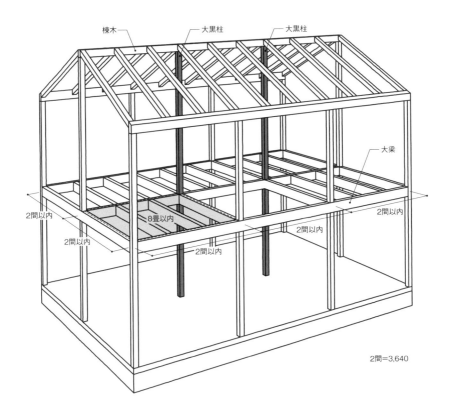

棟木　　大黒柱　　大黒柱

大梁

2間以内

8畳以内

2間以内

2間以内

2間以内

2間以内

2間＝3,640

大梁で2間角＝8畳ごとに区画

中央に立つ柱の本数は、大梁によって区画される一つの四角をおよそ「2間角＝8畳」以内にするとよいと思います。上図のような形で8畳のブロックが6個あれば、48坪の家でも2本の内部柱で持たせることも可能です

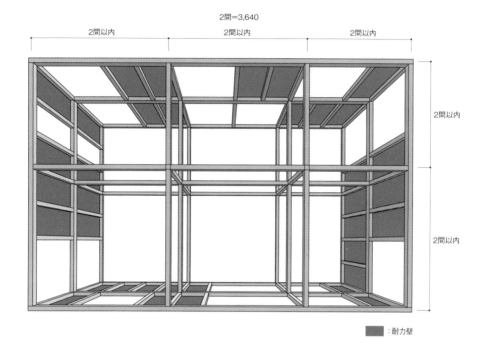

2間=3,640

2間以内　2間以内　2間以内

2間以内

2間以内

■：耐力壁

耐力壁は外周部で確保

もちろん、家が大きくなれば、耐力壁は外周部だけでは足りないこともあるのですが、最初から耐力壁の分散配置を考えてしまうと、間取りの制約になってしまうので、間取りがある程度決まってから、耐力壁線を設けたい部分、壁量が足りない部分に耐力壁を追加していくという方法がよいと思います

耐力壁を外周に
設ければ、間取りの
制約が少ない

合理化工法でスッキリ！

耐力壁を外周部でとるようにすると、耐力壁線間距離が大きくなってしまうので、床や屋根は厚物合板で固め、できる限り水平剛性を高めます。2階床は910mmピッチに甲乙梁を入れる根太レス工法とし、屋根も登り梁形式＋厚物合板で張り、床倍率を高めます。所定の倍率が出れば、小屋梁や火打ち梁は不要になって、すっきりした室内を実現できます。

根太レス垂木レス工法

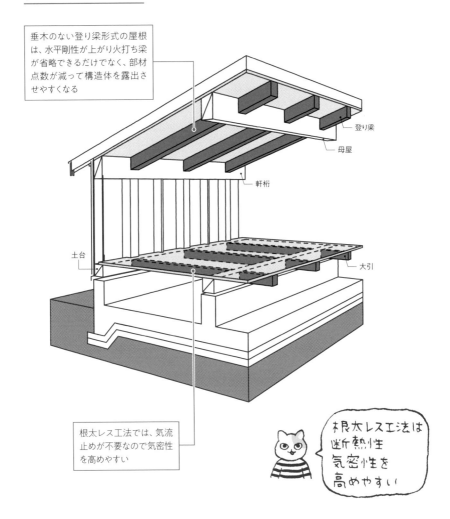

垂木のない登り梁形式の屋根は、水平剛性が上がり火打ち梁が省略できるだけでなく、部材点数が減って構造体を露出させやすくなる

登り梁

母屋

軒桁

土台

大引

根太レス工法では、気流止めが不要なので気密性を高めやすい

根太レス工法は断熱性気密性を高めやすい

根太レス工法の概要

910mmピッチ以下で並ぶ梁の上に、24〜28mmの構造用合板を直接
張った、根太のない床組

床倍率は3倍。根太レス工法
の詳細は106〜107頁参照

プレカットした合板を釘打ちする
だけなので、根太工法と比較し
て工期短縮、費用節約になる

実なし合板

受け材90角程度

910

910

910

910

梁

910

N75@150

胴差

合板が気流止め(床下と壁の間の隙間
を埋める部材)の役割を果たすので、
断熱工法との整合を取りやすい

根太工法と比較して部材点
数が減り、スッキリするので
露しにも対応しやすい

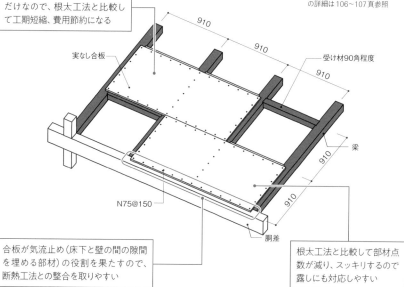

かつて主流だった根太工法

梁の上に@455〜303で架けた根太に12mmの構造用合板を張った床組。梁の上に根太を転ば
しで載せる場合、品確法床倍率は1〜0.7程度と低いので、通常は火打ち梁と組み合わせて、剛
性を確保します

455

455

455

455

455

910

910

910

傾いた床をリフォームで
修正する場合、根太の高
さを調整することで床の
高さの微調整ができる

根太

梁

床と壁の取合いが隙間
だらけになり、壁内に
気流が発生するため断
熱性能を上げにくい

胴差

2階床に使う場合、複雑な
架構になるため通常は下部
に天井を張り、構造体を隠
して使わざるを得ない

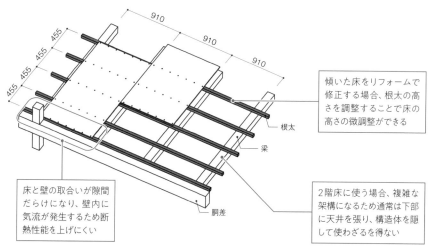

平面は分割するのがミソ

内部柱の位置が決まると、構造の骨格が見えてきます。まずは平面を縦横それぞれ、2〜4等分して、分割線上に内部柱を配置するように、構造の骨格をつくってみてください。この時、できるだけ等分割するのがミソです。等分割して等スパンにすると、構造的にも明快になり、部屋の上下左右の反転、入れ替えなどが容易になるからです。

「田の字」平面の基本

常に骨組みを意識する！

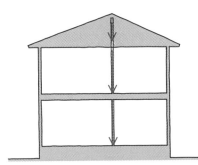

1. まずは勾配屋根の総2階のボリュームを想定

建物中央、棟木を受ける束・柱を大黒柱状に1階までまっすぐ通します。30〜40坪の総2階の住宅なら、大黒柱は1〜2本程度とします

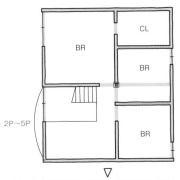

2. 外壁+大黒柱を通る通り心で「田の字」を描く

田の字の1マスの長さは、2P（1,820mm）〜5P（4,550mm）。この田の字のライン上に、できるだけ重なるように間仕切壁を配置し、それぞれの部屋に、L、D、K、BRと名前をつければ、大体の間取りが完成します。水廻りや収納などの小部屋は1マスをさらに分割します

3. 耐力壁は外周と田の字のライン上に配置する

耐力壁は外周部に設けるのが原則ですが、田の字のライン上に配置すると、間取りとの整合を取りながら、耐力壁線間距離や必要な床倍率を小さく抑えられます

▨▨▨▨：耐力壁

間取りの分割いろいろ

等ピッチに分割する

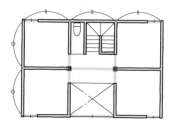

X軸方向もY軸方向も等ピッチが理想。どちらも等ピッチにできれば、梁のせいがそろえられます。また部屋の入れ替えが可能なので、間取りのバリエーションが一気に増えます

左右対称にする

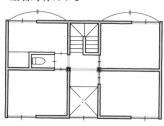

均等にできないときは左右対称がおすすめです。左右の入れ替えが可能なうえ、構造的にも安定します

田の字＋下屋にする

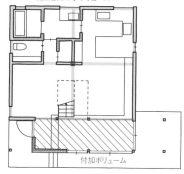

総2階田の字ボリューム

付加ボリューム

田の字の平面に収まらないときは、田の字の総2階のボリュームに付加ボリューム（下屋）をつけると、無理なく平面をまとめられます

▨▨▨：下屋

下屋をつける

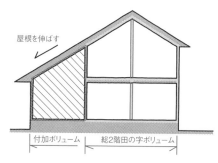

屋根を伸ばす

付加ボリューム　総2階田の字のボリューム

大屋根の建築は、総2階田の字ボリュームをまずつくり、片側の屋根をふき下ろして付加ボリュームをつくれば、美しくまとめられます

▨▨▨：下屋

在来構法は下から順に組み上げる

在来軸組構法では、土台敷きや足場組を前日までに完了しておき、1階の柱から野地板までを一日で一気に立上げます。柱梁は、コーナーの通し柱を除き、梁勝ちの納まりになっているので、材を傾けることなく、積み木を積むように下から順番に施工することが可能です。下図は、通し柱の入らない納まりです。

1 土台・大引敷きし、柱を入れる

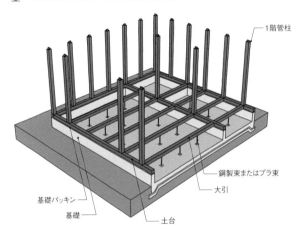

1階管柱

鋼製束またはプラ束

大引

基礎パッキン

基礎

土台

基礎の上に基礎パッキンを設置、土台を敷き、鋼製束またはプラ束の付いた大引を配置。床断熱の場合は24〜28mmの構造用合板を千鳥張りする前に、断熱材を入れます。そして1階の柱を建て込みます。柱下端のほぞで柱は自立可能です

2 横架材（胴差と2階床梁）を架け渡す

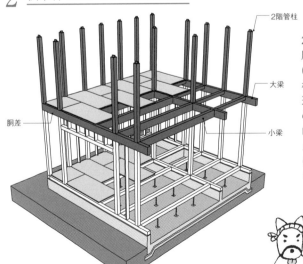

2階管柱

大梁

胴差

小梁

2階の胴差・大梁→小梁の順で、横架材を所定の場所に架け渡したら、2階の床合板を張り、2階の柱を建て込みます。柱の端部や、梁の接合部にはあらかじめ仕口加工がしてあります。そのため上棟日は組み立てるだけで、主要架構に鋸やノミを使いません

基本は敷地奥から順に架け渡していく

3 上棟

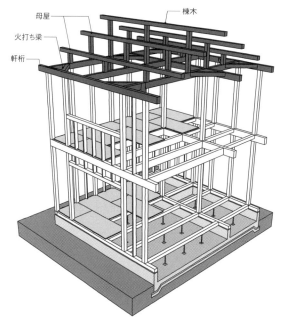

棟木
母屋
火打ち梁
軒桁

軒桁、小屋梁、火打ち梁を
架け、直方体の基本フレー
ムが完成したら、下げ振りを
見ながら建て入れ直しをし
て、仮筋かいを設置します。
束、母屋、棟木など屋根関
連の材を配置したら、主要
架構は完成です

上棟だ！

4 小屋組・野地板

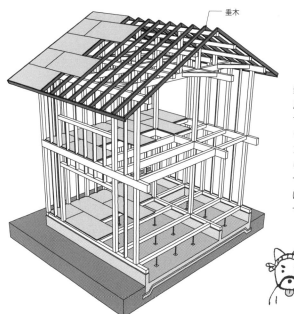

垂木

垂木をタルキックなどの専
用のビスで母屋に固定しま
す。そして野地板を千鳥張
りし、アスファルトルーフィ
ングを敷いて、タッカー留め
したら建て方作業は完了で
す。日没まで時間があるとき
は、柱頭柱脚の金物を設置
することもあります

上棟したら
雨から守るために
素早く屋根を
閉じる！

在来構法と枠組工法の違い

線材で力に抵抗する在来軸組構法のほかに、面材で力に対抗する2×4工法があります。この本では、在来軸組構法と枠組工法とのいいとこどりをして、在来軸組構法の場合でも枠組工法のように合板で床を固め、構造用面材で耐力壁をつくる工法を推奨しています。

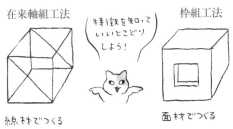

在来軸組工法

特徴を知っていいとこどりしよう！

枠組工法

線材でつくる

面材でつくる

在来軸組構法

「柱」や「梁」などの線材で力に抵抗する工法のこと。図は屋根を和小屋［108頁参照］、床を根太レス［81頁参照］とした最も一般的な組み方です

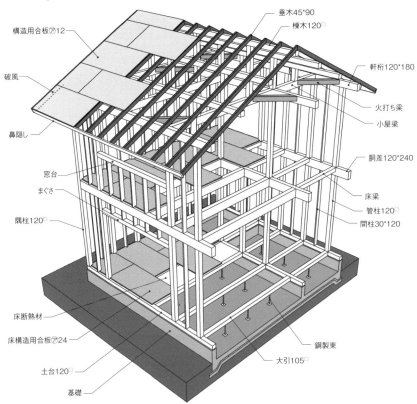

構造用合板⑦12
破風
鼻隠し
窓台
まぐさ
隅柱120□
床断熱材
床構造用合板⑦24
土台120□
基礎

垂木45*90
棟木120□
軒桁120*180
火打ち梁
小屋梁
胴差120*240
床梁
管柱120□
間柱30*120
鋼製束
大引105□

2つの工法のメリットとデメリット

工法	メリット	デメリット
在来軸組構法	・流通材でつくるので比較的材料が安価 ・木造の仕口の手加工には技術が必要だが、プレカットなら容易 ・建て方が短時間で済み、雨に濡れにくい ・リフォームしやすい	・筋かい火打ち梁で水平力に対抗するため、耐震性や耐風圧性を上げにくい ・根太工法の床組は隙間ができやすく、断熱気密性能を上げにくい[※]
枠組工法（2×4工法）	・38×89と部材断面が小さく材料が安価 ・建設が容易で、職人の技術熟練を要しない ・面を箱状にして外力に抵抗するので、耐震性や耐風圧性を上げやすい ・パネルが気流止めを兼ねるので断熱気密性を上げやすい	・パネルを現地で制作する場合は、上棟まで時間がかかり、雨に濡れやすい ・図面がない場合はリフォームしにくい

※ 根太レス工法［81頁参照］とすれば、このデメリットは解決できる

枠組工法（2×4工法）

合板でできたパネルを組み合わせて床や壁をつくる工法のこと。19世紀に北米で生まれた欧米では最も一般的な組み方です

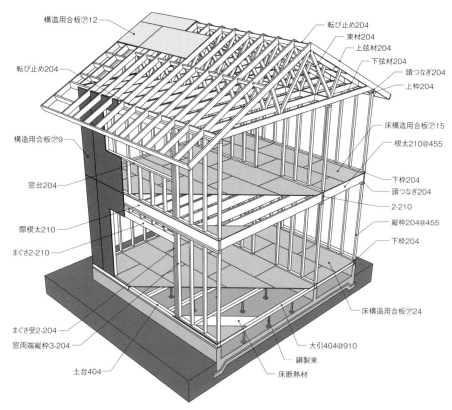

構造用合板⑦12
転び止め204
束材204
上弦材204
下弦材204
頭つなぎ204
上枠204
床構造用合板⑦15
根太210@455
下枠204
頭つなぎ204
2-210
縦材204@455
下枠204
床構造用合板⑦24
大引404@910
鋼製束
床断熱材
土台404
窓両端縦枠3-204
まぐさ受2-204
まぐさ2-210
際根太210
窓台204
構造用合板⑦9
転び止め204

鉛直荷重は上から下へ

各部位の自重と積載荷重は、構造体を通して上から下に伝わり、最終的には地面に行きつきます。この重力による力の流れをできる限りシンプルに流してやるのが、美しい架構をつくる秘訣です。

屋根→2階床→1階床→基礎の順に考える

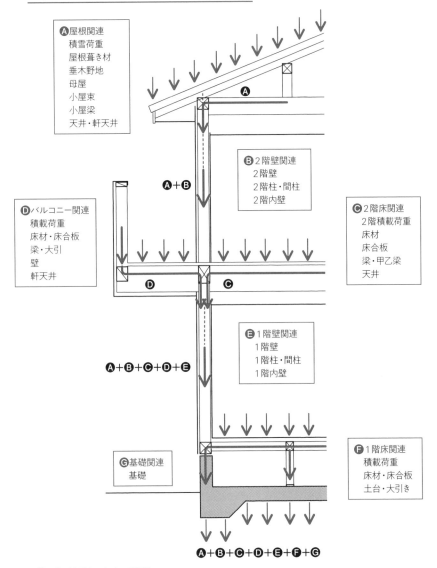

A 屋根関連
積雪荷重
屋根葺き材
垂木野地
母屋
小屋束
小屋梁
天井・軒天井

A

B 2階壁関連
2階壁
2階柱・間柱
2階内壁

A+B

D バルコニー関連
積載荷重
床材・床合板
梁・大引
壁
軒天井

C 2階床関連
2階積載荷重
床材
床合板
梁・甲乙梁
天井

D **C**

E 1階壁関連
1階壁
1階柱・間柱
1階内壁

A+B+C+D+E

G 基礎関連
基礎

F 1階床関連
積載荷重
床材・床合板
土台・大引き

A+B+C+D+E+F+G

柱は上下をそろえる!

間取りを優先して計画すると、柱や壁の位置が上下階でそろいません。この場合、力の流れがあみだくじのようになり、梁が過剰に大きくなったり、耐震性が低下するということとになりがちです。

無駄のない構造を心掛ける

上下階間取りが一致

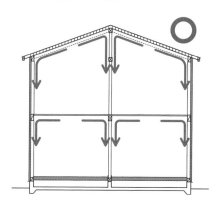

上下階間取りがバラバラ

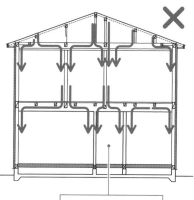

力の流れがあみだくじ状になって無駄に梁が大きくなる。耐震性も低下

部材点数を減らし、柱や壁の位置をそろえれば、力の流れがスムーズな無駄のない構造になります。特に構造体を露出させる場合は、この整理が欠かせません

ベタ基礎か布基礎か

地盤の長期許容応力度が30kN／㎡ある場合、構造計算をするなら、ベタ基礎でも布基礎でも耐震性は同等です。ただし、防湿とシロアリ対策として、布基礎を施工した上に、防湿コンクリートを施工する必要があるなら、最初からベタ基礎で検討したほうがよいでしょう。ただし、傾斜地、寒冷地では布基礎が有利な場合もあります。

ベタ基礎はシングル配筋としてコストを抑える

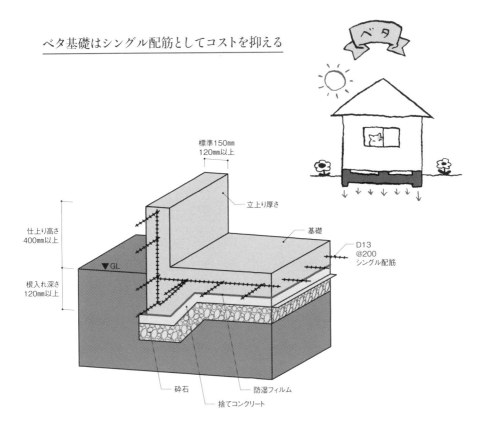

ベタ基礎の場合、ダブル配筋になると鉄筋量が増えるので、できるだけシングル配筋としてコストを抑えます。住宅瑕疵担保責任保険の基準に則って、ベタ基礎をシングル配筋とする場合には、基礎立上りの一つの区画の大きさとと配筋を表のように設定します

屋根の分類	積雪の有無	区画の大きさ	基礎配筋の仕様
軽い屋根	多雪区域以外	4×6m以下	D13@200
重い屋根	多雪区域以外	4×6m以下	D13@150
軽い屋根	積雪1m	3×4.5m以下	D13@250
重い屋根	積雪1m	3×4.5m以下	D13@200
軽い屋根	積雪1.5m	3×4.5m以下	D13@200
重い屋根	積雪1.5m	3×4.5m以下	D13@150

ベタ基礎が基本だが傾斜地、寒冷地は布基礎

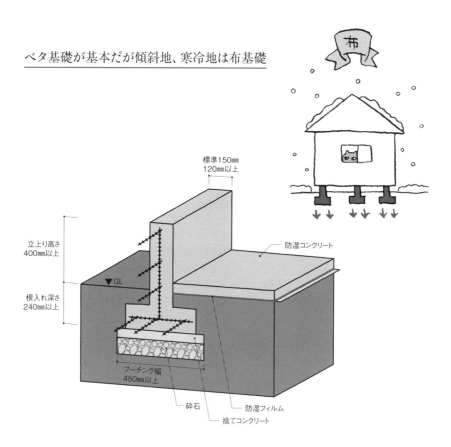

布

標準150mm
120mm以上

立上り高さ
400mm以上

▼GL

根入れ深さ
240mm以上

フーチング幅
450mm以上

防湿コンクリート

砕石

防湿フィルム

捨てコンクリート

ベタ基礎は布基礎より重量が重くなり、傾斜地ではかえって不動沈下しやすくなるといわれています。また凍結深度が深い寒冷地だと、基礎下を転圧できる布基礎のほうが断面として自然です。傾斜地や寒冷地では布基礎も検討しましょう

基礎の立上りはどこに設ける？

基礎の立上りの設け方は、床断熱の場合、基礎断熱の場合で異なります。それぞれの
ケースについて考えてみましょう。

床断熱なら玄関・浴室の立上り必要

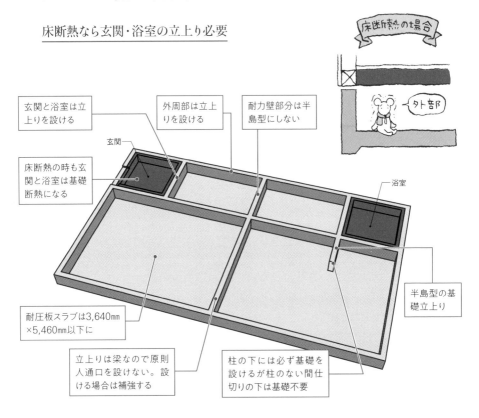

床断熱の場合

外部

玄関と浴室は立
上りを設ける

外周部は立上
りを設ける

耐力壁部分は半
島型にしない

玄関

床断熱の時も玄
関と浴室は基礎
断熱になる

浴室

耐圧板スラブは3,640mm
×5,460mm以下に

立上りは梁なので原則
人通口を設けない。設
ける場合は補強する

柱の下には必ず基礎を
設けるが柱のない間仕
切りの下は基礎不要

半島型の基
礎立上り

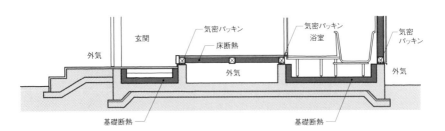

玄関　気密パッキン　気密パッキン　気密パッキン
外気　床断熱　浴室
外気　外気
基礎断熱　基礎断熱

78頁で示した区画のほか、耐力壁の部分、柱のある部分には基礎立上りを設けます。また木造
床がない、玄関・浴室周りにも立上りを設けます。耐力壁の下の基礎は原則として半島型にせず、
基礎立上りどうしをつなぐ形とします

基礎断熱なら玄関・浴室の立上り不要

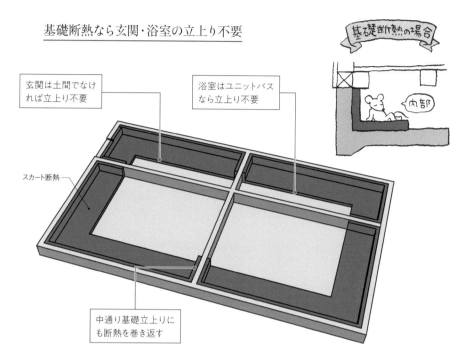

基礎断熱の場合

玄関は土間でなければ立上り不要

浴室はユニットバスなら立上り不要

スカート断熱

内部

中通り基礎立上りにも断熱を巻き返す

建物外周と、柱のある部分には基礎立上りを設けます。玄関・浴室部分も基礎断熱となるため、玄関やユニットバスの周囲は必ずしも立上りを設ける必要はありません

床下エアコンの場合

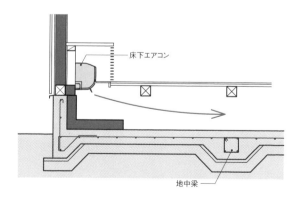

床下エアコン

地中梁

基礎断熱で床下エアコンを採用する場合は、できるだけ地中梁形式とし、床下にまんべんなく暖気がいきわたるようにします

負担幅は部材間距離の1/2

部材寸法を算出するには、スパンと負担幅をまず把握する必要があります。部材をささ
える支点間の距離が「スパン」です。

建物の重量は複数の梁で分担して受け持つことになります。検討する梁と、並行して架
かる隣の梁との真ん中を境にして、それぞれの梁が重量を負担します。検討する梁が
負担する床の幅を「負担幅」といいます。

2間×2間の床に64人が乗っていると考える

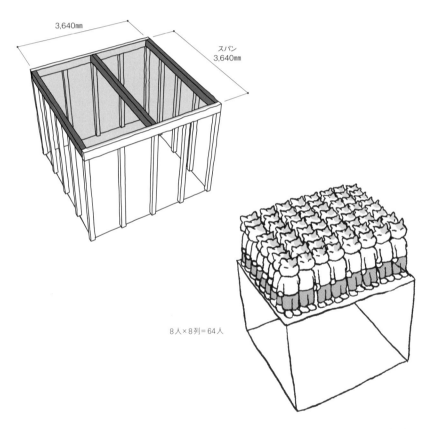

3,640mm

スパン
3,640mm

8人×8列＝64人

床にかかる自重と積載荷重の合計は240kg／㎡程度。おおむね910mm角に体重50kgの人が4
人乗っているとして考えると、床全体の3,640×3,640mmには、64人乗っていると想定できます。
この床には中央に梁が1本ある場合、1本の梁が負担する負担幅を考えてみましょう

梁1本は半数の32人の荷重を負担する

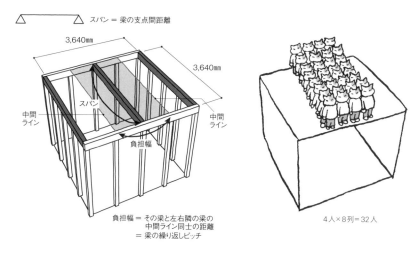

スパン＝梁の支点間距離

3,640mm

3,640mm

スパン

中間
ライン

中間
ライン

負担幅

負担幅＝その梁と左右隣の梁の
　　　　中間ライン同士の距離
　　　＝梁の繰り返しピッチ

4人×8列＝32人

中央の梁が負担する荷重は、64人の半数の32人分。中央の梁の負担幅は、両端梁の中間ラインどうしの距離＝1,820となります

小梁がある場合は集中荷重を受ける

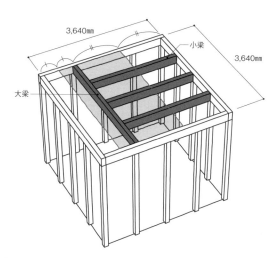

3,640mm

小梁

3,640mm

大梁

小梁がかかる大梁の場合は、小梁部分に集中荷重を受ける形になりますが、小梁の中央までの範囲を負担幅とした等分布荷重に近似させて考えてもよいでしょう。そうすれば、等分布荷重のスパン表でも梁の大体の大きさが想定できます。96頁のスパン表は負担幅910までは小梁なしの等分布荷重、負担幅1,365以上は小梁の集中荷重があるモデルで計算しています

梁せいはスパン表をもとに決める

「間四の法」、すなわち「梁せいはスパン1間あたり4寸」という大工さんの指標があります。この考え方は略算する時には便利ですが、「負担幅」という概念がないので、負担幅[94頁参照]が大きいと、より大きな梁せいが必要になるケースが多々あります。

梁せいを決める時は、梁の「曲げ」「せん断」「たわみ」がそれぞれ許容値以下になっているかを確認します。下記はあらかじめ一定の条件下で計算したスパン表です。スパンと負担幅の交点の数字を読めば、必要な梁せいが分かります。

表1：床の仕様

支持形式	単純梁	床
荷重条件	固定荷重	650N／㎡
	積載荷重	A梁用1,800N／㎡　B梁用1,300N／㎡　AB共通たわみ用600N／㎡
樹種		ベイマツ
変形増大係数		2
たわみ制限		2cmかつスパンの1／300以下
梁幅		特記なき限り120
断面欠損		負担幅1,365以上は＠910で小梁の欠損考慮

表2：梁のスパン表（床）

		スパン									
		910	1,365	1,820	2,275	2,730	3,185	3,640	4,095	4,550	
負担幅	455	120	120	120	120	120	120	150	150	180	A
	910	120	120	120	120	150	150	180	180	210	A
	1,365	120	120	120	120	150	180	210	240	240	B
	1,820	120	120	150	150	180	210	240	270	300	B
	2,275	120	120	150	180	210	240	270	330	360	B
	2,730	120	120	150	210	210	270	300	360	390	B
	3,185	120	150	180	210	240	300	330	360	420	B
	3,640	120	150	180	210	270	330	360	390	450	B

スパン＝梁の支点間距離

表3: 屋根の仕様

支持形式	単純梁	屋根
荷重条件	固定荷重	650N／㎡
樹種		ベイマツ
変形増大係数		2
たわみ制限		スパンの1／200以下
梁幅		特記なき限り120
断面欠損		負担幅1,365以上は＠910の小梁の欠損考慮

表4: 梁のスパン表（屋根）

		スパン								
		910	1,365	1,820	2,275	2,730	3,185	3,640	4,095	4,550
負担幅	455	120	120	120	120	120	120	120	120	120
	910	120	120	120	120	120	120	120	150	150
	1,365	120	120	120	120	120	120	150	180	180
	1,820	120	120	120	120	120	150	180	210	210
	2,275	120	120	120	120	150	180	210	210	240
	2,730	120	120	120	150	150	180	210	240	270
	3,185	120	120	120	150	180	210	240	240	270
	3,640	120	120	120	150	180	210	240	270	300

水平力には耐力壁で対抗

現在主流の木造の架構は部材が水平または垂直で、仕口はすべてピン構造です。したがって水平力を受けると立面の各部位が平行四辺形に変形してしまいます。変形を抑えるために、軸組に面材を打ち付けた壁、または筋かいで、風や地震に抵抗します。

力の方向に足を広げるイメージで

足を閉じた状態では横からの力に弱いが、力の方向に足を広げれば抵抗できるように、力と同じ方向の耐力壁を設ければ、地震や風の水平力に抵抗できます

前から押す →

へなへな〜

前から押す →

がっちり！

耐力壁が水平力に抵抗する

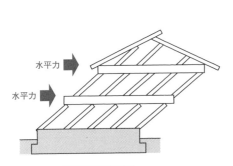

水平力

水平力

柱と梁だけでは水平力が
かかった時に倒れる

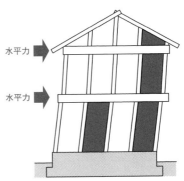

水平力

水平力

耐力壁が水平力に抵抗する

面材耐力壁は、張り付ける面材の種類や厚み、固定する釘やビスの種類、打つ間隔によって壁倍率（建築基準法で定められた壁の強さを示す指標）が変わります。筋かいも取り付ける部材の寸法によって壁倍率が変わります。構造用面材は軸組の両面に張ることや、筋かいとの併用も可で、その場合は倍率の足し算が可能です。壁倍率の最大値は建築基準法の仕様規定では「5」です。この本では、筋かいは断熱欠損になることや、施工の確実性から、面材の耐力壁を推奨しています

耐力壁はX・Y両方に必要

木造住宅に最低限必要な耐力壁の量は、建物の床面積、見付面積に一定の係数をかけたものになります。必要な耐力壁の量が、建物に存在する耐力壁の量を上回るかどうかを確認する計算を「壁量計算」[計算方法は100頁参照]といいます。

XYの方向ごとに、各階ごとに確認する

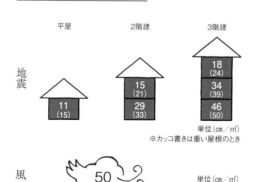

X方向の水平力に
抵抗する耐力壁

X方向
水平力

風

地震

Y方向の水平力に
抵抗する耐力壁

Y

X

Y方向
水平力

風   地震

地震や台風はどちらの方向からくるか分からないので、壁量計算では、XYの方向ごとに、各階ごと、必要壁量、存在壁量を比較して確認します

地震時・風圧時の壁係数

平屋	2階建	3階建

地震

11
(15)

15
(21)

29
(33)

18
(24)

34
(39)

46
(50)

単位(cm／㎡)
※カッコ書きは重い屋根のとき

地震の存在壁量は床面積に係数をかけて算出。風の必要壁量は見付面積に係数をかけて算定します。地震や風の係数はX方向Y方向共通です。地震と風のうち大きいほうが必要壁量になります

風

50

単位(cm／㎡)

壁量計算・4分割法を計算してみよう

切妻の簡単なモデルで壁量を計算し(1〜2の壁量計算)、壁の配置のバランスを考えてみましょう(3〜4の四分割法)。以下は、①軽い屋根、②非積雪地域、③木造2階建ての1階の計算例です。

1 床面積と見付面積を調べる

床面から1.35mの線より上の見付面積を算出します。この際、吹抜け部は床面積に含め、バルコニーは面積の0.4倍を1階床面積にカウントします

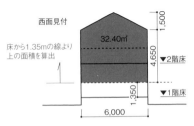

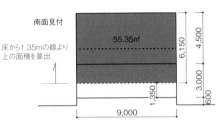

2 必要壁量を求める

東西方向、南北方向各々について必要な壁量を調べます。床面積、見付面積それぞれに、定数を掛けると必要壁量が求められます。桁行方向、梁間方向それぞれで必要な壁量を求め、風と地震の必要壁量を比較して大きいほうの数字を採用します。建築基準法にはこの壁量をクリアすれば適合しますが、ギリギリの壁量では不十分です。品確法や許容応力計算で耐震等級3を確保するためには、基準法の2倍の壁量を目指すとよいでしょう

東西方向の壁

風 西面の見付面積(㎡) × 定数0.50(m/㎡) = 必 要 壁 量
　　　　　32.40　　(㎡) × 定数0.50(m/㎡) = 　16.20　[A1] m

地震 床 面 積 (㎡) × 定数0.29(m/㎡) = 必 要 壁 量
　　　　54.0　　(㎡) × 定数0.29(m/㎡) = 　15.66　[B1] m

必要壁長 風A1と地震B1を比較して大きいほうを採用 　16.20　[C1] m

↳ ただし、建築基準法ギリギリでは壁量は不十分。筆者はC1の2.0倍の壁量を目指している 　16.20　[C1] × 2.0 = 　32.40　[D1]

南北方向の壁

風

南面の見付面積（㎡）× 定数 0.50（m／㎡）＝ 必 要 壁 量

55.35（㎡）× 定数 0.50（m／㎡）＝ 27.68 A2 m

地震

床 面 積（㎡）× 定数 0.29（m／㎡）＝ 必 要 壁 量

54.0（㎡）× 定数 0.29（m／㎡）＝ 15.66 B2 m

必要壁長

風 A2 と地震 B2 を比較して大きいほうを採用　27.68 C2 m

↳ ただし、建築基準法ギリギリでは壁量は不十分。筆者は C2 の 2.0 倍の壁量を目指している　27.68 C2 × 2.0 ＝ 55.36 D2

3 耐力壁の種類を決める

200kgの水平力を受けたときの層間変形角が1／120となるものが壁倍率1です。最大5倍までの壁があります。倍率の高い壁を採用すれば、目標であるD1、D2を無理なくクリアすることが可能です

壁の種類と倍率

鉄のブレース
2倍

合板片面
2.5倍

合板両面
5倍

4 バランスよく壁を配置する

建物を4等分し、両端のゾーンに含まれる壁の量を比較します。両端のゾーンの壁の量が1:1〜1:0.5の範囲に入っていれば合格です。また、全壁量の合計がD1、D2以上になるように壁を配置します

東西方向（X）の壁

南北方向（Y）を4等分した後、右図のように南、北、中央の3つのブロックに分ける

↓

南北のブロックに上記のD1の1／2〜1／4の壁を配置。32.40 × 1／4 ＝ 8.10以上でOK

↓

残りの壁は中央ブロックで確保する

配置例

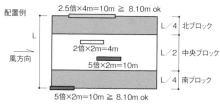

2.5倍×4m=10m ≧ 8.10m ok

L／4　北ブロック
L／2　中央ブロック
L／4　南ブロック

2倍×2m=4m
5倍×2m=10m
5倍×2m=10m ≧ 8.10m ok

風方向

10m＋4m＋10m＋10m＝34m ≧ 必要量32.40m ok
（基準法では≧16.20）

南北方向（Y）の壁

東西方向（X）を4等分した後、右図のように両サイド、中央の3つのゾーンに分ける

↓

両サイドに上記のD2の1／2〜1／4を目安に壁を配置。55.36 × 1／4 ＝ 13.84以上でOK

↓

残りの壁は中央ブロックで確保する

配置例

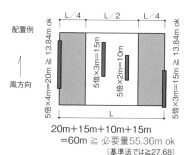

L／4　L／2　L／4

5倍×4m=20m ≧ 13.84m ok
5倍×3m=15m
5倍×2m=10m
5倍×3m=15m ≧ 13.84m ok

風方向

L

20m＋15m＋10m＋15m
＝60m ≧ 必要量55.36m ok
（基準法では≧27.68）

接合金物はN値を根拠に決める

軸組工法の耐力壁端部の柱頭柱脚には金物が必要です。耐力壁が水平力を受けると、柱脚には浮き上がりの力が、柱頭には梁から離れようとする力が働きます。その力に抵抗するために金物を設置し、所定の壁倍率どおりの力を発揮できるようにするのです。

N値計算の方法（合板耐力壁の場合）

金物は、建築基準法の仕様規定あるいはN値を根拠に選定しますが、N値計算のほうが金物を小さくできます。N値は下記のような計算式で求め、表を参照して継手・仕口の仕様を決めます。計算自体は、小学生でもできる四則計算ですが、条件分けが複雑なので、右図のような早見表をつくると間違えにくいです

Ⅰ.平屋または2階建て2階の柱

N値＝ $\dfrac{A2}{\text{（柱の左右の壁倍率差）}^*} \times \dfrac{B2}{\substack{\text{（周辺部材の押さえ効果係数）}\\ \text{出隅の場合＝0.8 そのほか＝0.5}}} - \dfrac{L}{\substack{\text{（鉛直荷重による押さえ効果係数）}\\ \text{出隅の場合＝0.4 そのほか＝0.6}}}$

Ⅱ.2階建ての1階部分の柱

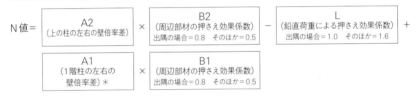

N値＝ $\dfrac{A2}{\substack{\text{（上の柱の左右の壁倍率差）}}} \times \dfrac{B2}{\substack{\text{（周辺部材の押さえ効果係数）}\\ \text{出隅の場合＝0.8 そのほか＝0.5}}} - \dfrac{L}{\substack{\text{（鉛直荷重による押さえ効果係数）}\\ \text{出隅の場合＝1.0 そのほか＝1.6}}} +$

$\dfrac{A1}{\substack{\text{（1階柱の左右の}\\\text{壁倍率差）}^*}} \times \dfrac{B1}{\substack{\text{（周辺部材の押さえ効果係数）}\\ \text{出隅の場合＝0.8 そのほか＝0.5}}}$

* 元来の公式は、筋かい耐力壁について扱うため、柱に取り合う筋かいの位置や向きなどに応じた補正値をA1とA2に足す必要があります。ここでは、合板耐力壁について計算するため、補正値は0としました

表：N値に対応する継手・仕口の仕様

告示記号	N値	必要耐力	継手・仕口の仕様
い	0.0以下	0.0kN	短ほぞ差しまたはかすがい打ち
ろ	0.65以下	3.4kN	長ほぞ差し込み栓またはかど金物CP-L
は	1.0以下	5.1kN	かど金物CP-T
			山形プレートVP
に	1.4以下	7.5kN	羽子板ボルトまたは短ざく金物（スクリュー釘なし）
ほ	1.6以下	8.5kN	羽子板ボルトまたは短ざく金物（スクリュー釘あり）
へ	1.8以下	10.0kN	ホールダウン金物HD-B10
と	2.8以下	15.0kN	ホールダウン金物HD-B15
ち	3.7以下	20.0kN	ホールダウン金物HD-B20
り	4.7以下	25.0kN	ホールダウン金物HD-B25
ぬ	5.6以下	30.0kN	ホールダウン金物HD-B15×2個

N値計算早見表（合板耐力壁の場合）

左頁のⅠ、Ⅱに基づいて計算した数値を早見表にしたものです。必要耐力は柱によってまちまちですが、柱には安全側に見て山形プレートVP＝5.1kNを一律で付けると、金物の種類を少なく抑えられます

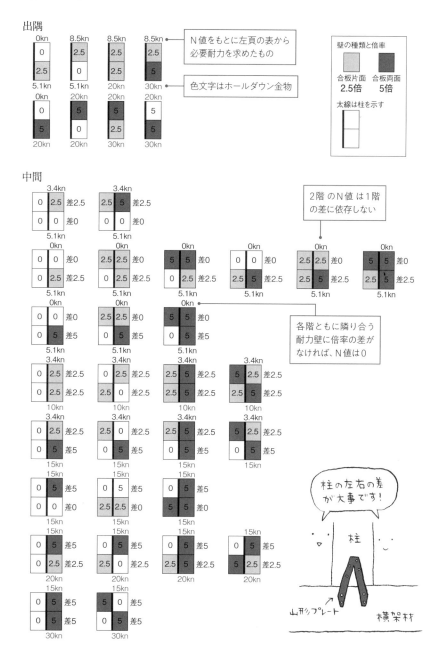

耐力壁の計画2 103

床倍率の設定方法

床倍率というのは、床の強さ固さを示す指標です。床倍率の数値が低すぎると水平力を受けた際、床面に有害な変形が生じ、耐力壁が十分あったとしても、耐力壁に均等に水平力が分配されません。床や屋根の剛性を確保し、存在床倍率が必要床倍率を上回るよう設定します。

やわらかい床と剛な床

床がやわらかいと、地震や台風のとき、床組に変形が生じやすくなるうえ、耐力壁に均等に力が分散されません。床梁に厚物合板を張って剛床とすることで、水平力に抵抗します

っ、きゃ〜

やわらかい2階床は、水平方向に変形しやすい

どすこい

剛な2階床は、水平方向に変形しにくい

床倍率のチェック

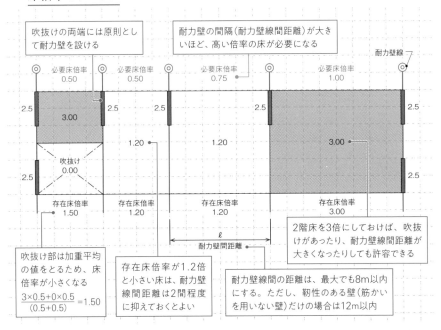

吹抜けの両端には原則として耐力壁を設ける

耐力壁の間隔（耐力壁線間距離）が大きいほど、高い倍率の床が必要になる

耐力壁線

必要床倍率
0.50

必要床倍率
0.50

必要床倍率
0.75

必要床倍率
1.00

2.5

3.00

2.5

2.5

2.5

2.5

1.20

1.20

3.00

吹抜け
0.00

2.5

存在床倍率
1.50

存在床倍率
1.20

存在床倍率
1.20

存在床倍率
3.00

ℓ

耐力壁間距離

2階床を3倍にしておけば、吹抜けがあったり、耐力壁線間距離が大きくなったりしても許容できる

吹抜け部は加重平均の値をとるため、床倍率が小さくなる
$$\frac{3 \times 0.5 + 0 \times 0.5}{(0.5 + 0.5)} = 1.50$$

存在床倍率が1.2倍と小さい床は、耐力壁線間距離は2間程度に抑えておくとよい

耐力壁線間の距離は、最大でも8m以内にする。ただし、靭性のある壁（筋かいを用いない壁）だけの場合は12m以内

一般的に、耐力壁の間隔（耐力壁線間距離）が大きいほど、高い倍率の床が必要になります。吹抜けなどで床に穴があくと、当該部分はほかの部分に比べて床倍率が小さな値となります

水平構面の床倍率の求め方

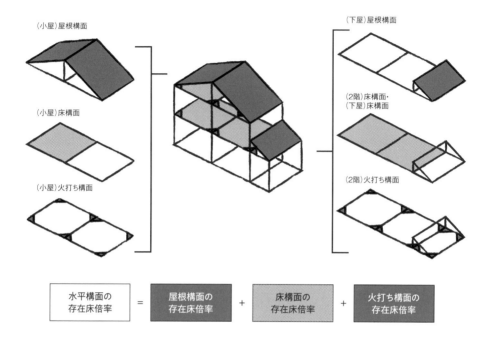

(小屋)屋根構面

(小屋)床構面

(小屋)火打ち構面

(下屋)屋根構面

(2階)床構面・
(下屋)床構面

(2階)火打ち構面

水平構面の存在床倍率	=	屋根構面の存在床倍率	+	床構面の存在床倍率	+	火打ち構面の存在床倍率

床構面、屋根構面、火打ち構面の合計がその部分における床倍率となります。床倍率は、打ち付ける面材の種類や厚み、固定する釘やビスの種類、打つ間隔によって数値がが変わります。火打ち梁も設置する量によって床倍率が変わります

2階床は24mmの4周釘打ち方式(床倍率3倍)を推奨[107頁参照]!

代表的な水平構面の仕様と床倍率

構面	床倍率	材質	勾配	仕様
屋根	0.5	構造用合板9mm以上	10寸勾配以下	転ばし垂木@500以下
	0.7		5寸勾配以下	
床	1.2	構造用合板24mm以上		直張り川の字釘打ち
	3.0			直張り4周釘打ち
火打ち梁	0.5	木製火打ち梁90*90	負担面積2.5㎡以下	梁せい105以上
	0.6	木製火打ち梁90*90	負担面積2.5㎡以下	梁せい150以上
	0.8	木製火打ち梁90*90	負担面積2.5㎡以下	梁せい240以上

耐力壁線に挟まれた区画ごとに、上記床倍率を組み合わせ、平均床倍率を算出します

1階床は土台と大引を面一で組む

1階の床は、根太レス工法が基本です。基礎の剛性は高いので、床断熱の場合、断熱欠損になる火打ち土台は入れないほうがよいでしょう。床断熱の場合は、大引にZ型の金物を取り付け、プラスチック系断熱材を設置する方法が簡単です。

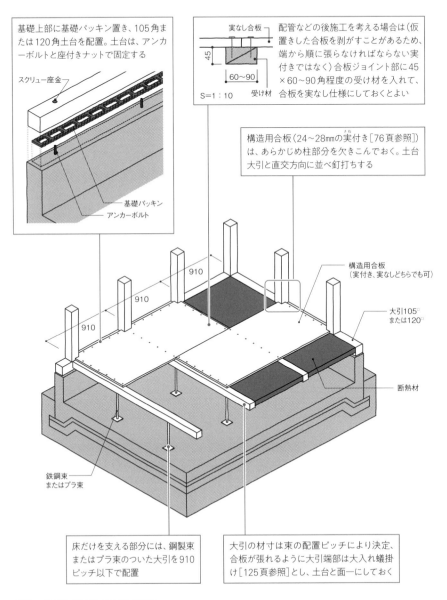

基礎上部に基礎パッキン置き、105角または120角土台を配置。土台は、アンカーボルトと座付きナットで固定する

スクリュー座金

基礎パッキン

アンカーボルト

実なし合板

45

60〜90

S=1：10 受け材

配管などの後施工を考える場合は（仮置きした合板を剥がすことがあるため、端から順に張らなければならない実付きではなく）合板ジョイント部に45×60〜90角程度の受け材を入れて、合板を実なし仕様にしておくとよい

構造用合板（24〜28mmの実付き［76頁参照］）は、あらかじめ柱部分を欠きこんでおく。土台大引と直交方向に並べ釘打ちする

構造用合板
（実付き、実なしどちらでも可）

910

910

910

大引105□
または120□

断熱材

鉄鋼束
またはプラ束

床だけを支える部分には、鋼製束またはプラ束のついた大引を910ピッチ以下で配置

大引の材寸は束の配置ピッチにより決定、合板が張れるように大引端部は大入れ蟻掛け［125頁参照］とし、土台と面一にしておく

2階床は甲乙梁で床倍率3に

2階の床も根太レス工法が基本となります。24〜28mmの構造用合板が張れるように、天端の高さがそろった胴差、大梁、小梁を910ピッチ以下で配置します。

床倍率が1.2で済む場合

あらかじめ柱部分を欠きこんだ実付きの合板を、梁と直交方向に千鳥配置で並べ、@150以下で梁に川の字に釘打ちします。実部や梁上部には日本住宅・木材技術センターの指定する接着剤を入れるとベターです

川の字打ち方式（床倍率1.2倍）

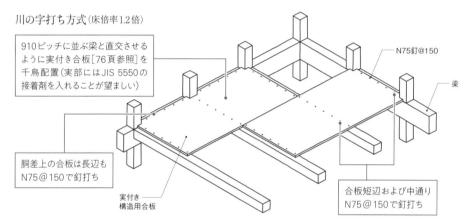

910ピッチに並ぶ梁と直交させるように実付き合板［76頁参照］を千鳥配置（実部にはJIS 5550の接着剤を入れることが望ましい）

胴差上の合板は長辺もN75@150で釘打ち

実付き構造用合板

N75釘@150

梁

合板短辺および中通りN75@150で釘打ち

床倍率が3必要な場合

90角程度の甲乙梁（小梁）を910ピッチで入れておきます。欠損が大きくならないように甲乙梁端部仕口は大入れにしておきます。甲乙梁が入る場合は合板は実なし仕様でも構いません。24〜28mmの実付き構造用合板を150以下ピッチで釘打ちします

4周釘打ち方式（床倍率3倍）

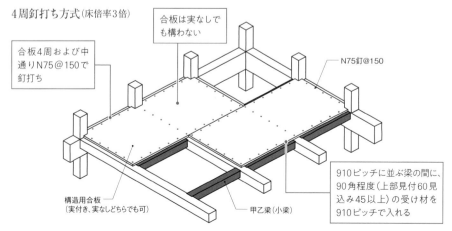

合板は実なしでも構わない

合板4周および中通りN75@150で釘打ち

N75釘@150

構造用合板（実付き、実なしどちらでも可）

甲乙梁（小梁）

910ピッチに並ぶ梁の間に、90角程度（上部見付60見込み45以上）の受け材を910ピッチで入れる

複雑な屋根にも対応できる和小屋

和小屋は、水平に組んだ小屋梁の上に束を立て、勾配屋根を支えるのが大きな特徴です。垂木、火打ち梁、筋かい以外の主要な軸組は、すべて水平垂直の部材で構成されていますので、加工が容易で安価につくることが可能です。

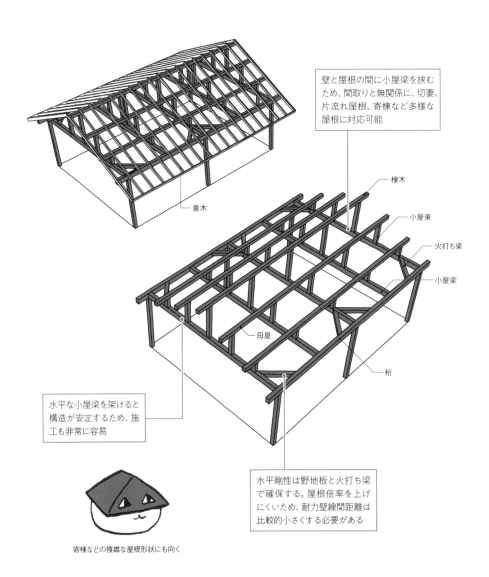

壁と屋根の間に小屋梁を挟むため、間取りと無関係に、切妻、片流れ屋根、寄棟など多様な屋根に対応可能

棟木

小屋束

火打ち梁

小屋梁

垂木

母屋

桁

水平な小屋梁を架けると構造が安定するため、施工も非常に容易

水平剛性は野地板と火打ち梁で確保する。屋根倍率を上げにくいため、耐力壁線間距離は比較的小さくする必要がある

寄棟などの複雑な屋根形状にも向く

登り梁はこれからの標準

登り梁の小屋組は、鉄骨造のように主要な架構を勾配なりに組むのが特徴です。その
ため力の流れが明快な、すっきりとした美しい架構にすることが可能です。

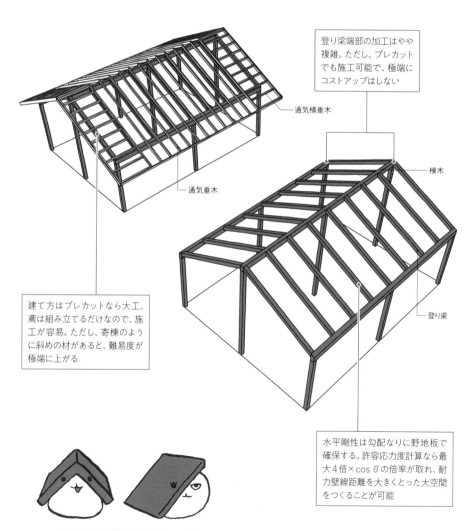

登り梁端部の加工はやや
複雑。ただし、プレカット
でも施工可能で、極端に
コストアップはしない

通気横垂木

棟木

通気垂木

登り梁

建て方はプレカットなら大工、
鳶は組み立てるだけなので、施
工が容易。ただし、寄棟のよう
に斜めの材があると、難易度が
極端に上がる

水平剛性は勾配なりに野地板で
確保する。許容応力度計算なら最
大4倍×cos θ の倍率が取れ、耐
力壁線距離を大きくとった大空間
をつくることが可能

切妻や片流れの単純な形の屋根に向いている

和小屋の架構は直交部材で受ける

和小屋は野地板→垂木→母屋→小屋梁の順で徐々に部材寸法が大きくなる組み方になりますが、構造体は常に上の部材と直交方向に配置するのが原則です。したがって母屋と小屋梁を上下に並べて平行配置するのは合理性のない組み方になりますので注意してください。

和小屋の架構

外張り断熱で垂木の上に通気垂木をのせた場合の和小屋の架構です。部材点数の多い、にぎやかな構造体になります

斜材を母屋と桁で支えるのが和小屋

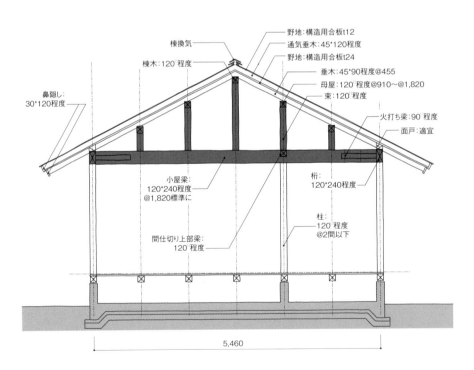

棟換気

棟木：120程度

鼻隠し：
30*120程度

野地：構造用合板t12
通気垂木：45*120程度
野地：構造用合板t24
垂木：45*90程度@455
母屋：120程度@910～@1,820
束：120程度
火打ち梁：90程度
面戸：適宜

小屋梁：
120*240程度
@1,820標準に

桁：
120*240程度

柱：
120程度
@2間以下

間仕切り上部梁：
120程度

5,460

和小屋の切妻の架構

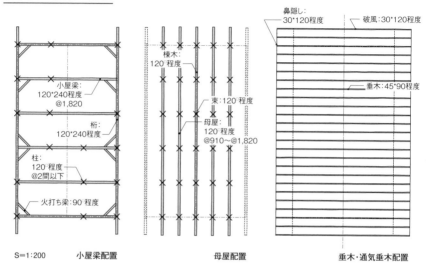

小屋梁:
120*240程度
@1,820

桁:
120*240程度

柱:
120程度
@2間以下

火打ち梁:90程度

棟木:
120程度

束:120程度

母屋:
120程度
@910〜@1,820

鼻隠し:
30*120程度

破風:30*120程度

垂木:45*90程度

S=1:200　　**小屋梁配置**　　　　　　**母屋配置**　　　　　　**垂木・通気垂木配置**

和小屋の寄棟の架構

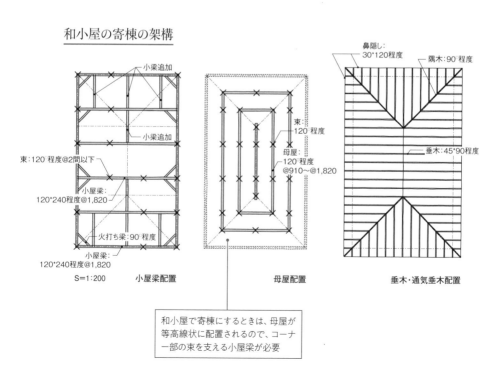

小梁追加

小梁追加

束:120程度@2間以下

小屋梁:
120*240程度@1,820

火打ち梁:90程度

小屋梁:
120*240程度@1,820

束:
120程度

母屋:
120程度
@910〜@1,820

鼻隠し:
30*120程度

隅木:90程度

垂木:45*90程度

S=1:200　　**小屋梁配置**　　　　　**母屋配置**　　　　　**垂木・通気垂木配置**

和小屋で寄棟にするときは、母屋が
等高線状に配置されるので、コーナ
ー部の束を支える小屋梁が必要

登り梁の架構は地震や風に強い

登り梁の架構は、桁や棟木の頂部を斜めにカット、登り梁と上端をそろえ、厚物の構造用合板を張る形が標準です。

登り梁の架構

外張り断熱で登り梁の上に通気垂木を載せた場合の登り梁の架構です。棟木を支える数本の柱だけのスッキリした構造体になります

外に広がろうとする力（スラスト）に注意が必要

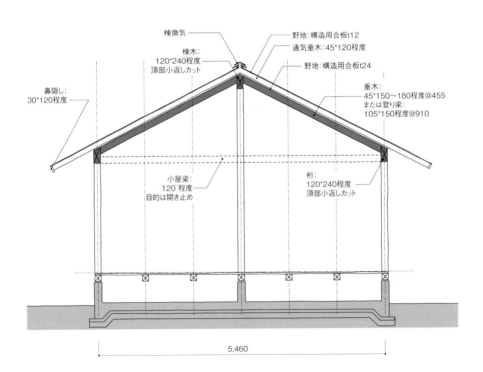

棟換気

棟木：
120*240程度
頂部小返しカット

野地：構造用合板t12
通気垂木：45*120程度
野地：構造用合板t24

鼻隠し：
30*120程度

垂木：
45*150〜180程度@455
または登り梁：
105*150程度@910

小屋梁：
120程度
目的は開き止め

桁：
120*240程度
頂部小返しカット

5,460

登り梁の切妻の架構

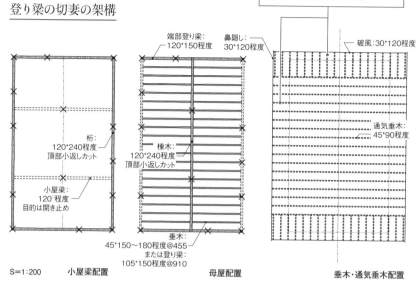

剛床屋根で軒やけらばを出すときは、登り梁を桁ラインでいったん止め、通気垂木で出すようにすると、軒先をシャープに仕上げられる

端部登り梁:
120*150程度

鼻隠し:
30*120程度

破風:30*120程度

桁:
120*240程度
頂部小返しカット

棟木:
120*240程度
頂部小返しカット

通気垂木:
45*90程度

小屋梁:
120程度
目的は開き止め

垂木:
45*150～180程度@455
または登り梁:
105*150程度@910

S=1:200　　小屋梁配置　　　　　母屋配置　　　　　垂木・通気垂木配置

登り梁の寄棟の架構

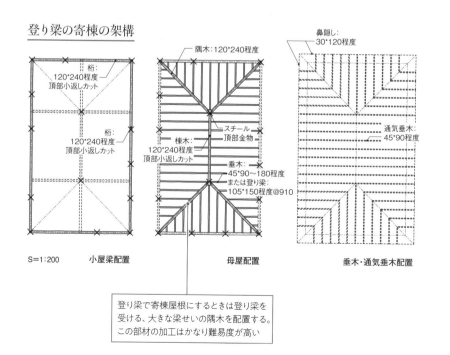

隅木:120*240程度

鼻隠し:
30*120程度

桁:
120*240程度
頂部小返しカット

スチール
頂部金物

通気垂木:
45*90程度

桁:
120*240程度
頂部小返しカット

棟木:
120*240程度
頂部小返しカット

垂木:
45*90～180程度
または登り梁:
105*150程度@910

S=1:200　　小屋梁配置　　　　　母屋配置　　　　　垂木・通気垂木配置

登り梁で寄棟屋根にするときは登り梁を受ける、大きな梁せいの隅木を配置する。この部材の加工はかなり難易度が高い

あなたにピッタリの小屋組は？

理想的な小屋の組み方は、天井の形状、火打や主要架構の見せ方によって変わります。下記のフローにしたがって、望ましい架構を検討してみましょう。架構が決まると、通気の取り方、軒・けらばの出し方なども決まります。

小屋組 YES／NO チャート

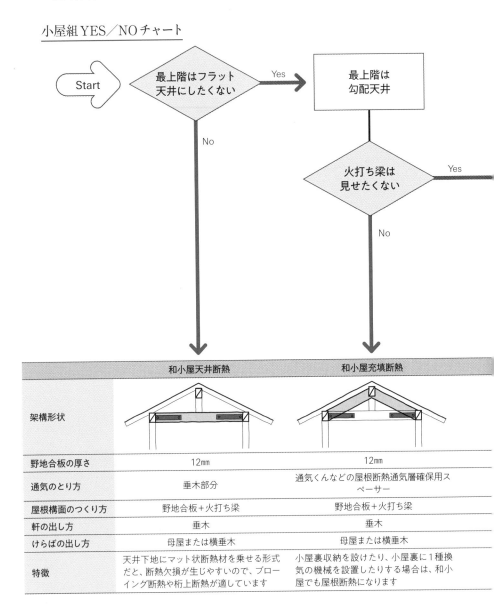

	和小屋天井断熱	和小屋充填断熱
架構形状		
野地合板の厚さ	12mm	12mm
通気のとり方	垂木部分	通気くんなどの屋根断熱通気層確保用スペーサー
屋根構面のつくり方	野地合板＋火打ち梁	野地合板＋火打ち梁
軒の出し方	垂木	垂木
けらばの出し方	母屋または横垂木	母屋または横垂木
特徴	天井下地にマット状断熱材を乗せる形式だと、断熱欠損が生じやすいので、ブローイング断熱や桁上断熱が適しています	小屋裏収納を設けたり、小屋裏に1種換気の機械を設置したりする場合は、和小屋でも屋根断熱になります

あなたはどのタイプ？

その日の気分でかぶりたい帽子が変わるように、設計者が意匠的にどうしたいかという方針で適切な架構の形が変わります

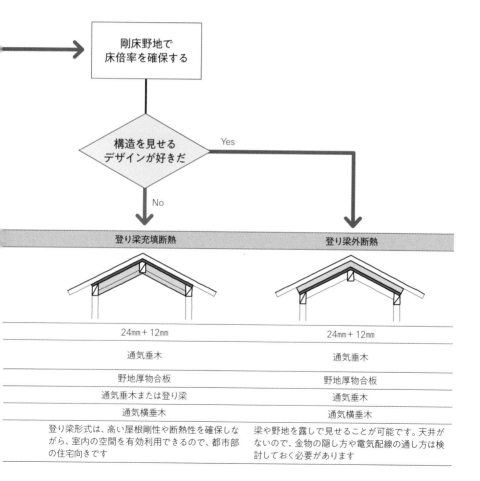

剛床野地で床倍率を確保する

構造を見せるデザインが好きだ —Yes→

No↓

登り梁充填断熱	登り梁外断熱
24mm＋12mm	24mm＋12mm
通気垂木	通気垂木
野地厚物合板	野地厚物合板
通気垂木または登り梁	通気垂木
通気横垂木	通気横垂木
登り梁形式は、高い屋根剛性や断熱性を確保しながら、室内の空間を有効利用できるので、都市部の住宅向きです	梁や野地を露しで見せることが可能です。天井がないので、金物の隠し方や電気配線の通し方は検討しておく必要があります

和小屋の軒は垂木の片持ち

和小屋で軒を出す場合、垂木を伸ばして片持ちにします。野地板(構造用合板)が1枚なら屋根通気は段ボール製スペーサーなどを入れて確保しますが、野地板が2枚なら、野地板の間で通気を確保します。

野地板1枚で段ボール製スペーサーを通気層とする場合

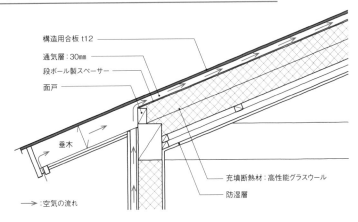

構造用合板 t12
通気層：30mm
段ボール製スペーサー
面戸
垂木
充填断熱材：高性能グラスウール
防湿層
→：空気の流れ

野地板2枚で間を通気層とする場合

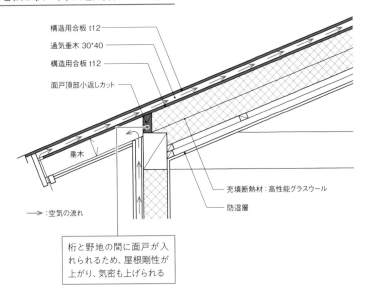

構造用合板 t12
通気垂木 30*40
構造用合板 t12
面戸頂部小返しカット
垂木
充填断熱材：高性能グラスウール
防湿層
→：空気の流れ

桁と野地の間に面戸が入れられるため、屋根剛性が上がり、気密も上げられる

和小屋のけらばは母屋か横垂木

和小屋でけらばを出す場合、母屋を伸ばして片持ちにします。ただし、延焼ラインにかかれば母屋は露出不可になるし、母屋を隠すために破風の大きさが大きくなりがちです。けらば側は横垂木として片持ちとし、けらばを薄く見せるデザインとすることもあります。

母屋を伸ばしてけらばを出す場合

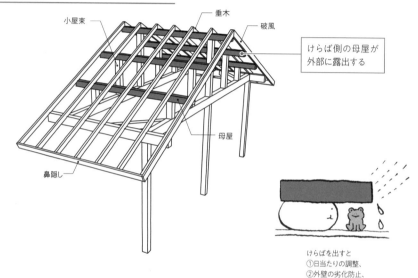

小屋束

垂木

破風

けらば側の母屋が
外部に露出する

母屋

鼻隠し

けらばを出すと
①日当たりの調整、
②外壁の劣化防止、
③雨漏り防止になる

横垂木としてけらばを出す場合

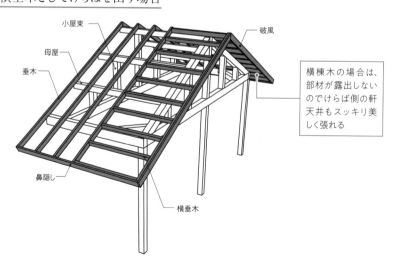

小屋束

母屋

垂木

破風

横棟木の場合は、
部材が露出しない
のでけらば側の軒
天井もスッキリ美
しく張れる

鼻隠し

横垂木

登り梁の軒の出し方2通り

登り梁の軒の出し方は2通り。充填断熱の場合、1層目野地の上に直接通気垂木を並べて片持ちをつくると、垂木間は通気層で利用できます。外張り断熱の場合は、断熱材の上に通気垂木を並べ、垂木間を通気層で利用します。

内断熱の場合

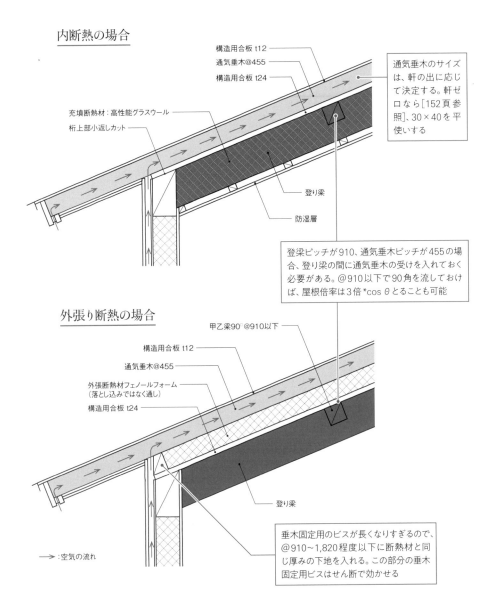

構造用合板 t12

通気垂木@455

構造用合板 t24

充填断熱材：高性能グラスウール

桁上部小返しカット

登り梁

防湿層

通気垂木のサイズは、軒の出に応じて決定する。軒ゼロなら[152頁参照]、30×40を平使いする

登梁ピッチが910、通気垂木ピッチが455の場合、登り梁の間に通気垂木の受けを入れておく必要がある。@910以下で90角を流しておけば、屋根倍率は3倍 *cos θ とることも可能

外張り断熱の場合

甲乙梁90°@910以下

構造用合板 t12

通気垂木@455

外張断熱材フェノールフォーム
（落とし込みではなく通し）

構造用合板 t24

登り梁

垂木固定用のビスが長くなりすぎるので、@910～1,820程度以下に断熱材と同じ厚みの下地を入れる。この部分の垂木固定用ビスはせん断で効かせる

→ ：空気の流れ

登り梁は横垂木でけらばを出す

登り梁でけらばを出す場合は、1層目の野地上の垂木を横垂木とすることで片持ちをつくります。コーナーは2方向の片持ちとなるので、部材をダブル使いにしたり、45度方向に通気垂木を入れるとよいでしょう。

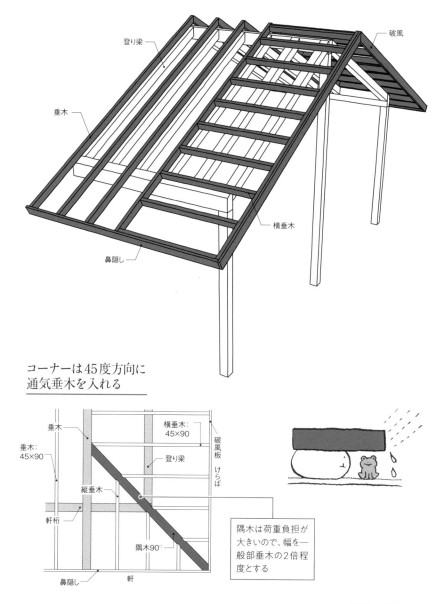

登り梁

破風

垂木

横垂木

鼻隠し

コーナーは45度方向に通気垂木を入れる

垂木

垂木:
45×90

横垂木:
45×90

登り梁

破風板

けらば

縦垂木

軒桁

隅木90°

鼻隠し

軒

隅木は荷重負担が大きいので、幅を一般部垂木の2倍程度とする

片持ち梁は根元に注意

片持ち梁や跳ね出し梁の根元部分は、モーメントが最大になる構造上重要な部分です。通常、この根元部分には上下柱と胴差が取り付きます。梁受け金物などを用い、断面欠損を小さくすることが大切です。

在来の片持ち梁

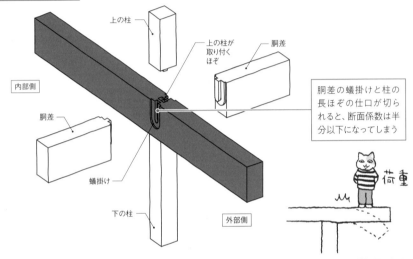

上の柱

上の柱が取り付くほぞ

胴差

内部側

胴差

蟻掛け

下の柱

外部側

胴差の蟻掛けと柱の長ほぞの仕口が切られると、断面係数は半分以下になってしまう

荷重

大きな断面欠損のある片持ち梁に大きな荷重がかかると接合部から壊れてしまう

梁受け金物を付けた片持ち梁

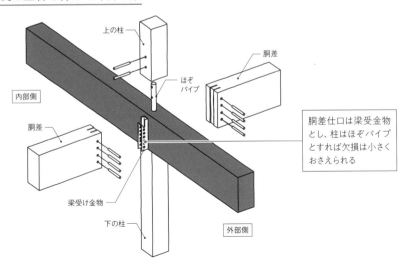

上の柱

ほぞパイプ

胴差

内部側

胴差

梁受け金物

下の柱

外部側

胴差仕口は梁受金物とし、柱はほぞパイプとすれば欠損は小さくおさえられる

吹抜け周りの床倍率に注意

吹抜けがあると、その部分の床倍率はゼロです。2つの耐力壁線間に異なる床が並列される場合は、存在床倍率は小さいほうの値をとり、直列方向に配置される場合は加重平均の値をとります。つまり床倍率がゼロの吹抜け周りでは、床倍率が一般部より必ず小さくなるのです[104頁参照]。

吹抜け端部は原則耐力壁線に

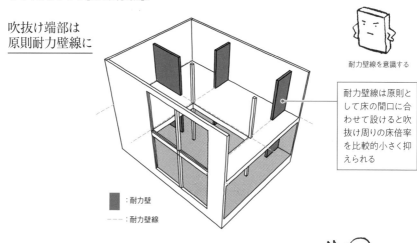

耐力壁線を意識する

耐力壁線は原則として床の間口に合わせて設けると吹抜け周りの床倍率を比較的小さく抑えられる

■ ：耐力壁

--- ：耐力壁線

吹抜け部は台風時に壁面が大きな水平力を受ける

風を考慮して部材寸法を考える

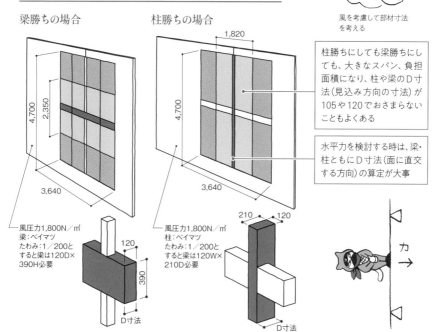

梁勝ちの場合

4,700
2,350
3,640

風圧力1,800N／㎡
梁：ベイマツ
たわみ：1／200とすると梁は120D×390H必要

120
390
D寸法

柱勝ちの場合

1,820
4,700
3,640

210　120
D寸法

風圧力1,800N／㎡
柱：ベイマツ
たわみ：1／200とすると梁は120W×210D必要

柱勝ちにしても梁勝ちにしても、大きなスパン、負担面積になり、柱や梁のD寸法（見込み方向の寸法）が105や120でおさまらないこともよくある

水平力を検討する時は、梁・柱ともにD寸法（面に直交する方向）の算定が大事

力
→

プレカット仕様書を確認する

まずは仕様書に記載されている寸法や樹種・強度などの基本事項が発注した内容と合致しているかを確認します。次に、発注書に指定していなかった事項や要検討箇所について、プレカット会社による設定が適切かを判断することになります。

プレカット仕様書の入手
伏図ではなく、まずプレカット仕様確認書を始めに確認する。プレカット業者ごとに独自の略記号などがあるので、あらかじめ略記号の意味や読み方を確認しておくこと

樹種の選定は適切か
樹種は、工場の在庫状況やプレカット会社それぞれの標準仕様などにより、設計時の仕様から変更されることもある。その変更が適切かを検討すること

寸法とモジュールを確認する
寸法、および建物全体に影響する基本モジュールの数値を確認する。特に、柱・梁の寸法が105mmか120mmかは忘れずにチェックする

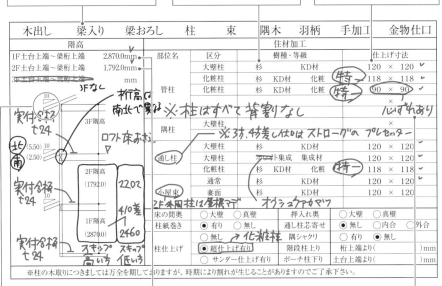

木出し	梁入り	梁おろし	柱	束	隅木	羽柄	手加工	金物仕口

階高

1F土台上端～梁桁上端	2,870.0mm
2F土台上端～梁桁上端	1,792.0mm
3F土台上端～梁桁上端	mm

住材加工

部位名	区分	樹種・等級		仕上げ寸法	
管柱	大壁柱	杉	KD材	120 × 120 ✓
	化粧柱	杉 KD材	化粧	特 118 × 118 ✓
	化粧柱	杉 KD材	化粧	特 90 × 90 ✓
隅柱	大壁柱			
通し柱	大壁柱	杉		120 × 120 ✓
	大壁柱	アウト集成	集成材	120 × 120 ✓
	化粧柱	杉 KD材	化粧	特一 118 × 118 ✓
	通常	杉	KD材	120 × 120 ✓
小屋束	妻面	杉	KD材	120 × 120 ✓

手書き注記：桁高は南北で異な 3Fなし　3F階高
実付（2F？）t24　北南（5.50）10（2.50）10　ロフト床おお
実付合格 t24　2F階高（1792.0）2202
実付合格 t24　1F階高（2870.0）410差 2460
スキップ高いう　スキップ低いう
※柱はすべて背割なし
※3方、4方差し仕口は ストローグの プレセッター
2F中間柱は屋根マデ　オクショウアクマデ
心ずれあり

床の間奥	○大壁 ○真壁	押入れ奥	○大壁 ○真壁
柱紙巻き	● 有り ○ 無し	通し柱芯寄せ	● 無し ○内合 ○外合
	○ 無し ○ 化粧柱	隅シャクリ	○ 有り ● 無し
柱仕上げ	● 超仕上げ有り	階段柱上り	桁上端より( )mm
	○ サンダー仕上げ有り	ポーチ柱下り	土台上端より( )mm

※柱の木取りにつきましては万全を期しておりますが、時期により割れが生じることがありますのでご了承下さい。

高さ関係の寸法の確認
土台、胴差、桁は各天端レベルで押さえるのが一般的。また床下地の構造用厚合板は実あり・なしによって張り方を変える場合もある

柱の心ずれルールの確認
外壁面をそろえるために隅柱や外壁面の柱の心をずらす場合は、どの面で合わせるのかを打ち合わせておき、プレカット仕様確認書でも確認する

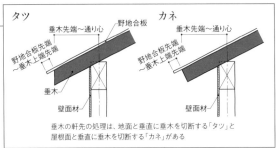

垂木の軒先の処理は、地面と垂直に垂木を切断する「タツ」と屋根面と垂直に垂木を切断する「カネ」がある

タツ
野地合板／垂木先端～通り心／野地合板先端～垂木上端先端／垂木／壁面材

カネ
野地合板／垂木先端～通り心／野地合板先端～垂木上端先端／隅シャクリ／垂木／壁面材

〈コストを下げるには…〉
① 間崩れを減らす
② 柱の直下率を上げる
③ 流通材の規格内スパンにする

3,000以下 柱

4,000以下 梁

プレカット図は金物を重点的に見る

各種伏図のチェックでは、継手・仕口や金物の仕様が正しいか確認します。特に軸組を露しで見せる場合には、羽子板ボルトなどの金物が室内から見えない位置に指定されているかなど細かく見ていきます。

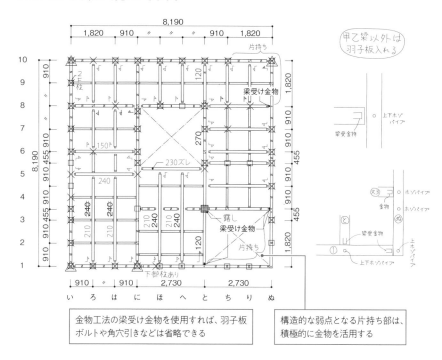

金物工法の梁受け金物を使用すれば、羽子板ボルトや角穴引きなどは省略できる

構造的な弱点となる片持ち部は、積極的に金物を活用する

羽子板ボルトと角穴引きボルト

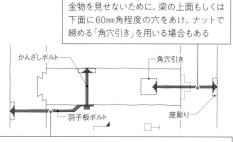

金物を見せないために、梁の上面もしくは下面に60mm程度の穴をあけ、ナットで締める「角穴引き」を用いる場合もある

地震や強風などの水平力にも耐えられるように、梁端部の仕口側面には羽子板ボルトを設置するのが一般的。これらの金物は仕上げで隠れるように設計し、加えて2本のボルトが仕上げ面から飛び出さないよう座彫りの有無を指定する

羽子板ボルトの略号 (例)

	羽子板座彫り	かんざし座彫り
	なし	なし
	なし	あり
	あり	なし
	あり	あり

角穴引きボルトの略号 (例)

	穴の向き	座彫り
	上	なし
	上	あり
	下	なし
	下	あり

プレカットの高さ確認

プレカットチェックでは、土台、胴差、桁は上端を基準として高さを確認します。各階の床や天井の高さは、事前にプレカット会社に各部材の取合いや加工方法を確認したうえで寸法を決めます。また、梁の組み方や梁せいを確認する時は、天井高と電気・換気・給排水のルートを同時にチェックしておきます。

小返し加工ではどこを基準に高さとするか

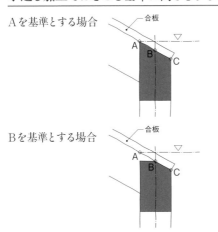

Aを基準とする場合

Bを基準とする場合

桁や棟木に勾配をつける小返し加工。部材の頂点Aで高さを設定するプレカット会社が多いですが、通り心より外部側を小返しするケースでは、Bを基準とする会社がほとんどです

会社によって異なる垂木欠きの位置

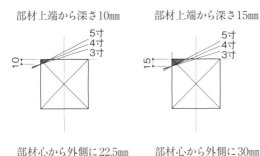

部材上端から深さ10mm

部材上端から深さ15mm

部材心から外側に22.5mm

部材心から外側に30mm

垂木欠きの位置はプレカット会社によって基準値が異なります。基準としている位置を事前に確認し、設計図の屋根の高さ設定とのずれが生じないようにします。もし事前の設定と異なっていたら、その設定の架構が可能かどうかをプレカット会社に確認、不可能なら矩計を変更します

これだけは知っとけ！仕口と継手

在来木造の仕口・継手には沢山の種類がありますが、プレカットで使うものは実は数種類しかありません。形状のイメージができていないと、プレカット図のチェックや議論もできませんから、下記9種の仕口・継手の名称は必ず覚えておいてください。

プレカットで使う仕口・継手は9種類

大入れ

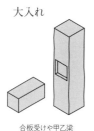

合板受けや甲乙梁

大入れ蟻掛け

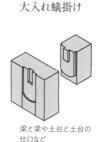

梁と梁や土台と土台の仕口など

ほぞ穴・ほぞ

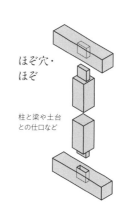

柱と梁や土台との仕口など

大入れ柱もたせ

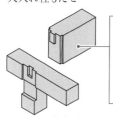

梁同士の仕口は、通常は「受梁成≧架ける梁の成」だが、柱もたせの場合は、受け梁成のほうが小さくてもよい

受梁成が小さい時の梁と梁＋柱

胴差

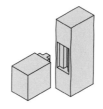

胴差と通し柱との仕口

特殊な仕口は、コストアップになるので要注意

間柱欠き

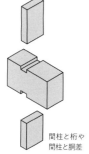

間柱と桁や間柱と胴差

垂木欠き

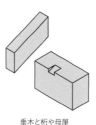

垂木と桁や母屋との仕口

腰掛け鎌継ぎ

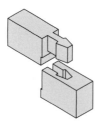

横架材の継手全般に使われる継手

腰掛け蟻継ぎ

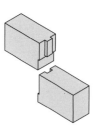

これだけは知っとけ！金物

木造軸組工法では、原則、柱、梁、垂木、筋かいの端部に金物が付きます。ここでは、木造軸組工法でよく使う頻出金物をまとめてみました。上から面材が張れる金物や高い引抜き性能を持つビス留めの金物を使う現場も増えてきています。

柱頭柱脚を接合する金物

ホールダウン金物使用例
基礎と柱脚、柱と横架材、上下階の管柱を緊結するのに使用します。「ブレイヴホールダウンB-HD」(カナイ)のように形が同じで使用するビスの本数によってN値が異なる製品もあります

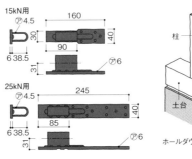

15kN用

25kN用

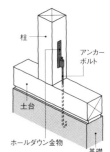

柱
アンカーボルト
土台
ホールダウン金物
基礎

プレート金物使用例

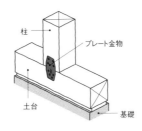

柱
プレート金物
土台
基礎

柱頭柱脚部の緊結に使用します。金物が薄いのでその上に面材を施工できます。(外周部の柱に付ける金物は設置箇所が非常に多く、柱ごとに設置を個別に判断するのは手間がかかるため)が外周部の柱脚部すべてに金物の設置を指示しておくのがおすすめです。なお柱に背割りがある場合は「サプリームプレートSUP-Z」(カナイ)などの背割りに対応したプレート金物を選びます

垂木を桁や母屋に接合する金物

ひねり金物と「タルキックⅡ」(シネジック)使用例

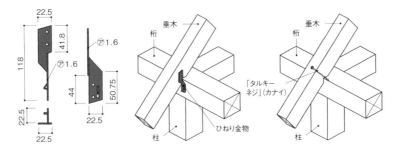

垂木
桁
垂木
桁
「タルキーネジ」(カナイ)
ひねり金物
柱
柱

垂木と横架材を緊結し、屋根の吹き上げで屋根が飛ばされるのを防ぎます。タルキックⅡなど垂木を留める長いビスも一般化しています

梁・胴差の継手や仕口に使用する金物

羽子板ボルト使用例

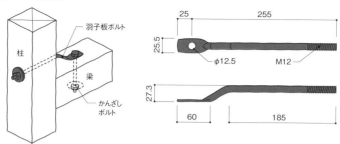

横架材と柱、横架材どうしの接合に使用します。Pot［※］は7.5kN程度。構造材に働く引張り力が大きいときは2本引きにします

梁継手金物使用例

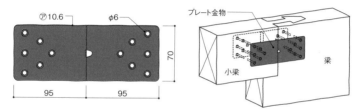

横架材や仕上げ材の継手を補強する金物。薄型なので構造用面材の下に張ることができ、簡単に施工できます。2枚使いできる製品もありますが、「フィックステンプレート」(BXカネシン)を2枚使いする場合は必ず梁の両面に取り付けます。「ビスどめ短ざくS」(BXカネシン)は両面使いと並行使いのどちらにも対応しています。Potは2枚施工で26.3kN程度

筋かいの端部に使用する金物

筋かいプレート使用例

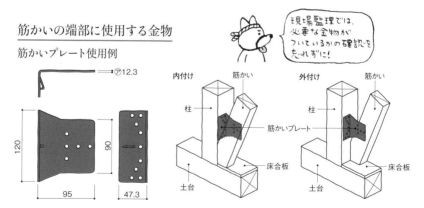

筋かいの端部に設置して、筋かいと柱や横架材を緊結する金物。「BXハイパーガセット」(BXカネシン)は内付けと外付けの両方に対応。筋かいプレートには、ほかに外付けのプレートタイプやボックスタイプの製品があります

※ Potとは、短期基準接合引っ張り耐力のこと

第 **5** 章

矩計は真似る

1.梁天端小返しカット
ヨシ!

2.軒高・階高の設定・
屋根勾配
ヨシ!

3.サッシ枠材種類
見付見込ちり寸法
ヨシ!

4.サッシのフィンは
構造用面材の上
ヨシ!

5.棟換気設置
ヨシ!

6.棟木を受ける
大黒柱
ヨシ!

11.透湿防水シート施工
の上、通気層確保
ヨシ!

12.壁断熱種類・厚
ヨシ!

15.防湿シート施工
ヨシ!

16.気流止め設置
ヨシ!

13.土台水切り設置
ヨシ!

14.基礎高400以上
ヨシ!

17.地盤面よりRC天端
50以上上げる
ヨシ!

18.床下防湿処置
ヨシ!

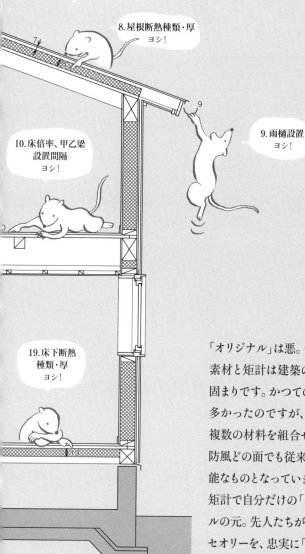

「オリジナル」は悪。ディテールは真似る。

素材と矩計は建築の基本。木造住宅の矩計は知恵の固まりです。かつての在来軸組工法は性能面で問題も多かったのですが、近年の合理化工法のつくり方は、複数の材料を組合せ、構造、止水、断熱、防湿、通気、防風どの面でも従来型在来の問題点を解決した、高性能なものとなっています。

矩計で自分だけの「オリジナル」を追求するのはトラブルの元。先人たちが失敗を繰り返して学習した寸法とセオリーを、忠実に「真似る」ことが大切です。オーソドックスな断面を頭に入れておけば、その組み合わせで、どんな形状の家でも実現可能です。

矩計は手順が大事 ①

矩計は、GL、通り心を押さえてから、構造体を描いていきます。手順どおりに描くことで、建物の仕様に間違いがないか確認することができます。

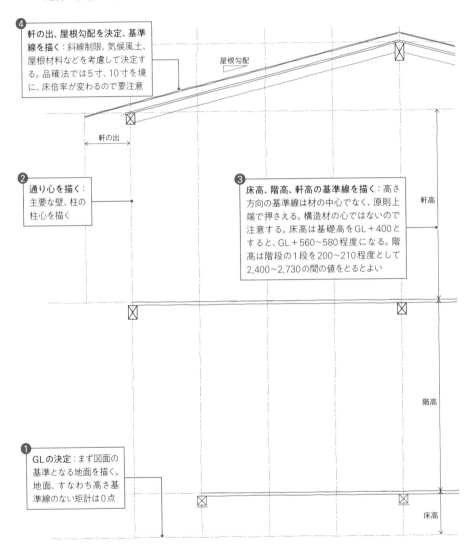

4 軒の出、屋根勾配を決定、基準線を描く：斜線制限、気候風土、屋根材料などを考慮して決定する。品確法では5寸、10寸を境に、床倍率が変わるので要注意

屋根勾配

軒の出

2 通り心を描く：主要な壁、柱の柱心を描く

3 床高、階高、軒高の基準線を描く：高さ方向の基準線は材の中心でなく、原則上端で押さえる。構造材の心ではないので注意する。床高は基礎高をGL＋400とすると、GL＋560〜580程度になる。階高は階段の1段を200〜210程度として2,400〜2,730の間の値をとるとよい

軒高

階高

1 GLの決定：まず図面の基準となる地面を描く。地面、すなわち高さ基準線のない矩計は0点

床高

矩計図S＝1：50

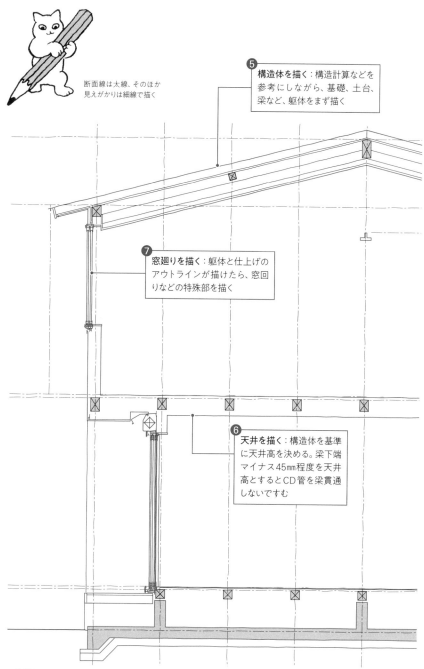

断面線は太線、そのほか
見えがかりは細線で描く

⑤ 構造体を描く：構造計算などを
参考にしながら、基礎、土台、
梁など、躯体をまず描く

⑦ 窓廻りを描く：躯体と仕上げの
アウトラインが描けたら、窓回
りなどの特殊部を描く

⑥ 天井を描く：構造体を基準
に天井高を決める。梁下端
マイナス45mm程度を天井
高とするとCD管を梁貫通
しないですむ

矩計図S＝1：50

矩計は手順が大事 ②

主要な断面線が描けたら、見え掛かり線や部材名を描き込んで、図面を仕上げます。
描き上がったら、主要寸法や文字に間違いがないか必ずチェックしてください。

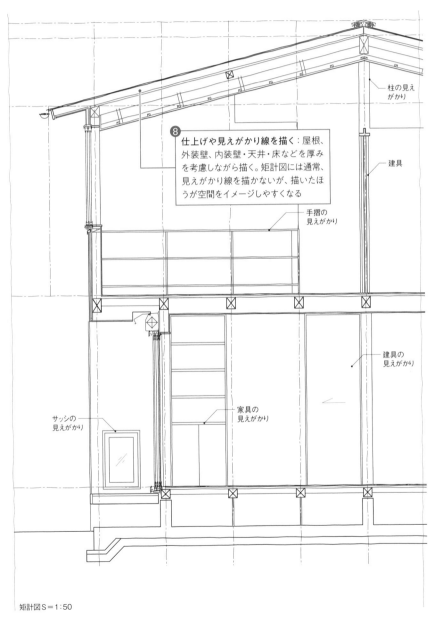

柱の見え
がかり

建具

❽ 仕上げや見えがかり線を描く：屋根、
外装壁、内装壁・天井・床などを厚み
を考慮しながら描く。矩計図には通常、
見えがかり線を描かないが、描いたほ
うが空間をイメージしやすくなる

手摺の
見えがかり

建具の
見えがかり

サッシの
見えがかり

家具の
見えがかり

矩計図 S＝1：50

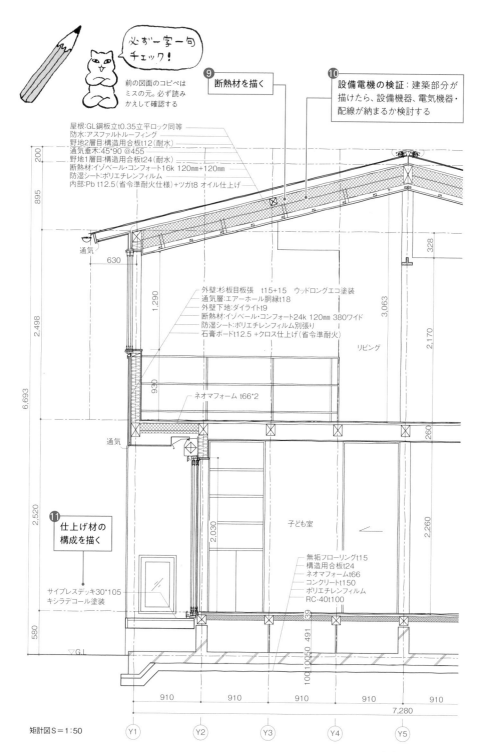

必ず一字一句
チェック！

前の図面のコピペは
ミスの元。必ず読み
かえして確認する

⑨ 断熱材を描く

⑩ 設備電機の検証：建築部分が
描けたら、設備機器、電気機器・
配線が納まるか検討する

屋根:GL鋼板立t0.35立平ロック同等
防水:アスファルトルーフィング
野地2層目:構造用合板t12（耐水）
通気垂木:45*90 @455
野地1層目:構造用合板t24（耐水）
断熱材:イゾベール・コンフォート16k 120mm+120mm
防湿シート:ポリエチレンフィルム
内部:Pb t12.5（省令準耐火仕様）+ツガt8 オイル仕上げ

通気

外壁:杉板目板張 t15+15 ウッドロングエコ塗装
通気層:エアーホール胴縁t18
外壁下地:ダイライトt9
断熱材:イゾベール・コンフォート24k 120mm 380ワイド
防湿シート:ポリエチレンフィルム別張り
石膏ボードt12.5 +クロス仕上げ（省令準耐火）

リビング

ネオマフォーム t66*2

通気

**⑪ 仕上げ材の
構成を描く**

子ども室

サイプレスデッキ30*105
キシラデコール塗装

無垢フローリングt15
構造用合板t24
ネオマフォームt66
コンクリートt150
ポリエチレンフィルム
RC-40t100

▽G.L

200
895
2,498
6,693
2,520
580
630
1,290
930
2,030
328
3,063
2,170
260
2,260
491
100 100 50

910　910　910　910　910
7,280

矩計図S＝1:50

Y1　Y2　Y3　Y4　Y5

矩計は構造と性能の両面からチェック

木造住宅の矩計図を描く時、性能面で考えることは、構造・設備だけにとどまりません。止水・断熱・気密・防湿・通気のそれぞれのラインを完結させるように考えないと、性能の著しい低下を招いてしまいます。そのためには、昔ながらの木造のつくり方を根本的に見直す必要があります。

床と屋根を厚物合板で固める

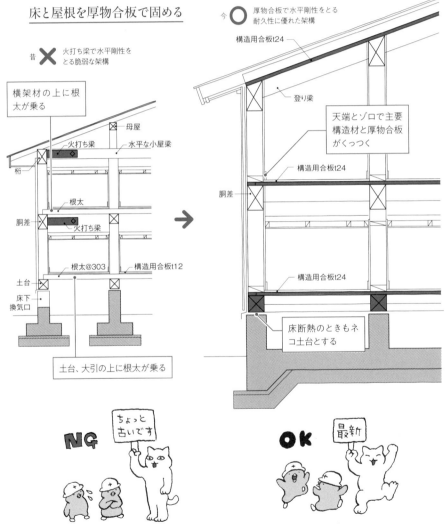

昔 ✕ 火打ち梁で水平剛性をとる脆弱な架構

今 ◯ 厚物合板で水平剛性をとる耐久性に優れた架構

構造用合板t24

登り梁

天端とゾロで主要構造材と厚物合板がくっつく

構造用合板t24

胴差

構造用合板t24

床断熱のときもネコ土台とする

横架材の上に根太が乗る

母屋

火打ち梁　水平な小屋梁

桁

根太

胴差　火打ち梁

根太@303　構造用合板t12

土台

床下換気口

土台、大引の上に根太が乗る

床と屋根を厚物合板で剛床にする、耐力壁は面材で確保する合理化工法の採用が、性能確保の第一歩となります

止水・断熱・気密・防湿・通気ラインを完結させる

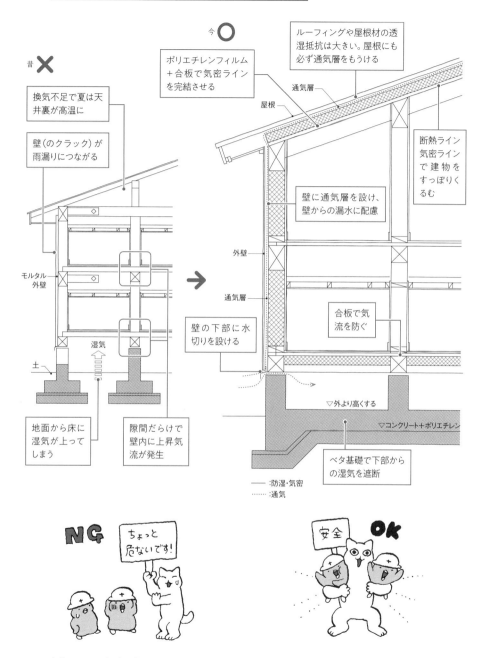

昔 ✗

今 ○

換気不足で夏は天井裏が高温に

壁（のクラック）が雨漏りにつながる

ポリエチレンフィルム＋合板で気密ラインを完結させる

ルーフィングや屋根材の透湿抵抗は大きい。屋根にも必ず通気層をもうける

通気層

屋根

断熱ライン気密ラインで建物をすっぽりくるむ

モルタル外壁

壁に通気層を設け、壁からの漏水に配慮

外壁

通気層

湿気

土

合板で気流を防ぐ

壁の下部に水切りを設ける

地面から床に湿気が上ってしまう

隙間だらけで壁内に上昇気流が発生

▽外より高くする

▽コンクリート＋ポリエチレン

ベタ基礎で下部からの湿気を遮断

―― :防湿・気密
…… :通気

止水ラインは必ず二次止水とし、万が一通気層に水が入ってしまった場合にも室内に漏水しないよう対策しておきます［150頁参照］

断熱が必要な部分

断熱材はコスト、施工性、耐火性、耐久性などの観点から、最適なものを選びます。フラット35の基準では、断熱等級4を満たすことを条件にする場合、断熱材の種類、部位ごとに必要量が変わってきます。

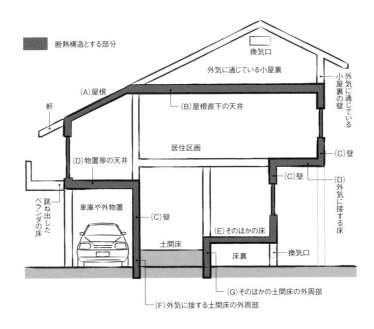

断熱材の熱抵抗基準（断熱性能等級4、6地域、充填断熱の場合）

部位	必要な熱抵抗値 (㎡・K／W)	断熱材の種類と厚さ (㎜)		
		高性能グラスウール 16K、24K相当	押出法ポリスチレン3種B	フェノールフォーム1種2号
(A)屋根	4.6	185	130	105
(B)天井	4.0	160	115	90
(C)外壁	2.2	90	65	50
(D)床（外気に接する部分）	3.3	135	95	75
(E)床（そのほか部分）	2.2	90	65	50
(F)外気に接する土間床外周部	1.7	70	50	40
(G)そのほか土間床外周部	0.5	20	15	15

夏場の屋根は高温になるため、壁の倍程度の断熱材を入れる

柱サイズに合わせ105または120入れることを推奨

※任意の断熱材の必要厚は下式より求める
断熱材必要厚(m)＝必要な熱抵抗値(㎡・K／W)×熱貫流率(W／m・K)

壁体内結露を防ぐには

壁体内結露を防ぐには、室内暖房による上昇気流で、床下の湿潤な空気上がってこないよう、気流止めの設置がまず必要です。根太レス工法によって剛床とすれば、合板が気流止め代わりになります[144頁参照]。また、断熱材の室内側には防湿層を、断熱材の外側には通気層を必ず設けます。

冬と夏の結露

透湿抵抗比の計算

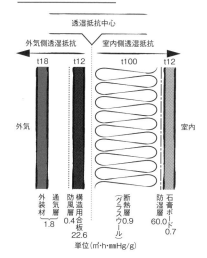

単位(㎡·h·mmHg/g)

透湿抵抗比を計算するとその壁の構成の結露しやすさを検証できます

透湿抵抗比

$$= \frac{室内側透湿抵抗の合計}{外気側透湿抵抗の合計}$$

$$= \frac{（断熱層＋防湿層＋石膏ボード）の透湿抵抗}{（外装材＋通気層＋防風層＋構造用合板）の透湿抵抗}$$

$$= \frac{0.9 + 60.0 + 0.7}{1.8 + 0.4 + 22.6}$$

$$= \frac{61.6}{24.8} = 2.48 > 2.0 \quad OK$$

防湿層を省略できるケース

地域区分が8地域の場合や、透湿抵抗比が右記にあてはまる場合は、防湿層を省略できることになっていますが、必ず定常計算などで結露に対する安全性を検証しましょう

防湿層を省略できる透湿抵抗比

地域の区分	熱抵抗比	
	壁	屋根または天井
1・2・3	5以上	6以上
4	3以上	4以上
5・6・7	2以上	3以上

床断熱は外で基礎断熱は内扱い

基礎の断熱は床断熱、基礎断熱両方ともよく採用されます。一長一短あるので、特徴に応じて使い分けしましょう。

床断熱

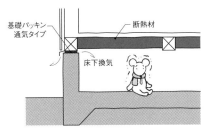

土台・大引間にXPS[※1]、EPS[※2]、フェノールフォームなどを充填します

基礎断熱

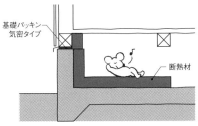

基礎の立上りの内側・外側、耐圧板の下側・上側にXPS、EPSなどを打ち込むまたは張り付けます

床断熱と基礎断熱の特徴

	床断熱	基礎断熱
床下空間	外部扱い。積極的に床下換気を行う	内部扱い。床ガラリなどを設け室内空間と温度状態をそろえる
気密	剛床仕様で、実付き合板を使うか合板ジョイント部に下地を入れて確保。配管が床を貫通する部分は気密処理が必要	土台と基礎の間にパッキンを挟んで気密を確保。基礎配管貫通部は気密処理が必要
床温度	冬場、基礎断熱より床が低温になりにくい。超高断熱のときや2階リビングに向いている	冬場、床断熱のときより床温度が低くなるので、床下エアコンなどと組み合わせて使用したい

※1 XPS＝押出発泡ポリスチレンフォーム
※2 EPS＝ビーズ法ポリスチレンフォーム

基礎外断熱で効果を高める

基礎断熱には、「基礎外断熱」と「基礎内断熱」の2つの方法があります。超高断熱の場合はヒートブリッジを減らすため下図のように両者を併用しますが、基礎内断熱としたほうがシロアリに対しては安全です。

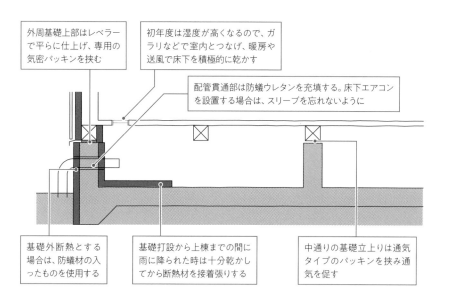

外周基礎上部はレベラーで平らに仕上げ、専用の気密パッキンを挟む

初年度は湿度が高くなるので、ガラリなどで室内とつなげ、暖房や送風で床下を積極的に乾かす

配管貫通部は防蟻ウレタンを充填する。床下エアコンを設置する場合は、スリーブを忘れないように

基礎外断熱とする場合は、防蟻材の入ったものを使用する

基礎打設から上棟までの間に雨に降られた時は十分乾かしてから断熱材を接着張りする

中通りの基礎立上りは通気タイプのパッキンを挟み通気を促す

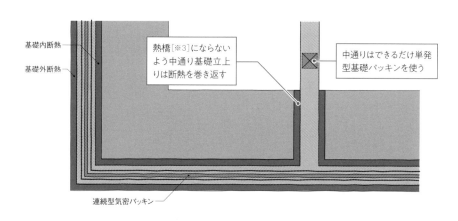

基礎内断熱

基礎外断熱

熱橋［※3］にならないよう中通り基礎立上りは断熱を巻き返す

中通りはできるだけ単発型基礎パッキンを使う

連続型気密パッキン

※3 建物の熱を伝えやすい部分。ヒートブリッジとも呼ばれる

グラスウールは隙間なく入れる

袋入りグラスウールは、下地材に対し30mm以上の重ねを取り、ボードや木で押えるのが基本。床については室内側に垂らしフローリングで挟みます。

防湿・気密を高める

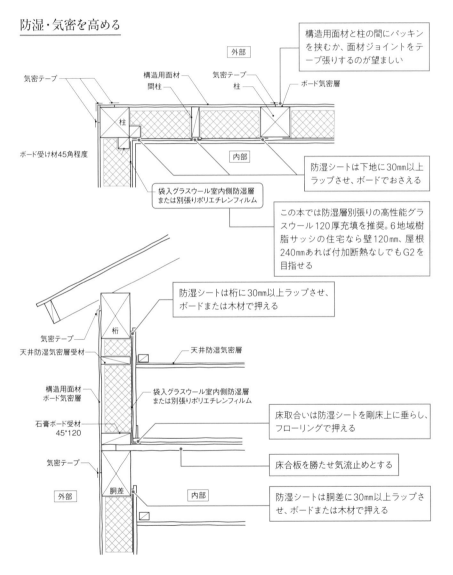

構造用面材と柱の間にパッキンを挟むか、面材ジョイントをテープ張りするのが望ましい

外部

気密テープ

構造用面材
間柱

気密テープ
柱

ボード気密層

柱

ボード受け材45角程度

内部

防湿シートは下地に30mm以上ラップさせ、ボードでおさえる

袋入りグラスウール室内側防湿層または別張りポリエチレンフィルム

この本では防湿層別張りの高性能グラスウール120厚充填を推奨。6地域樹脂サッシの住宅なら壁120mm、屋根240mmあれば付加断熱なしでもG2を目指せる

防湿シートは桁に30mm以上ラップさせ、ボードまたは木材で押える

気密テープ

桁

天井防湿気密層

天井防湿気密層受材

構造用面材
ボード気密層

袋入りグラスウール室内側防湿層または別張りポリエチレンフィルム

石膏ボード受材
45*120

床取合いは防湿シートを剛床上に垂らし、フローリングで押える

気密テープ

床合板を勝たせ気流止めとする

外部

胴差

内部

防湿シートは胴差に30mm以上ラップさせ、ボードまたは木材で押える

床は壁体内気流を防止するため、剛床仕様とします。また外壁下地には構造用面材を使い気密性を高めます（ボード気密）

断熱性能はピッタリを使う

施工状態		熱貫流率	性能
(a)	よい施工状態	0.37 (100mm)	100%
(b)	グラスウールの寸法が 著しく大きく、押し込 みすぎた状態	0.44 (84mm)	84%
(c)	グラスウールの寸法が 著しく大きく、両端を 押し込みすぎた状態	0.80 (46mm)	46%
(d)	グラスウールの寸法が 小さく、柱との間に隙 間ができた状態	0.57 (67mm)	67%

＊熱貫流率（W／㎡K）
＊（ ）内はよい状態のグラスウールに換算した厚さ

断熱材の入れ方で、発揮できる断熱性能は大きく変わ
ります。寸法が大きすぎる場合には、適切な入れ方の5
割程度しか効果が期待できません。したがって、断熱
材の幅はできるだけピッタリのものを選びましょう

　　例1：柱120□、間柱30×120の場合→高性能グラ
　　　　スウール16kg／㎥・厚さ120・幅380
　　例2：柱105□、間柱30×105の場合→高性能グラ
　　　　スウール16kg／㎥・厚さ105・幅390

筋かい耐力壁は好ましくない！

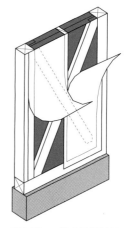

筋かい耐力壁への壁充填断熱材の施
工は難易度が高く、筋かい部分が断熱
欠損になります。内部構造は、気密の
とれる構造用面材仕様としましょう

コンセントカバーボックスを使う

外周壁にあるスイッチコンセント部は気密
コンセントカバーボックスで防湿層を完結
させます。またボード気密層、防湿層を貫
通する配線周りはテーピングまたはシール
します

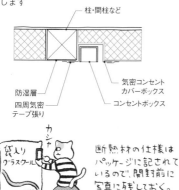

柱・間柱など

防湿層
四周気密
テープ張り

気密コンセント
カバーボックス
コンセントボックス

袋入り
グラスウール

断熱材の仕様は
パッケージに記されて
いるので、開封前に
写真に残しておく。

配管貫通部はテープで
しっかり気密

配管貫通部は、気密層、防湿層をテープな
どで完結させます

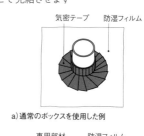

気密テープ　　　防湿フィルム

a) 通常のボックスを使用した例

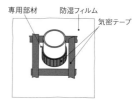

専用部材　　　防湿フィルム

気密テープ

b) 通常のボックスを使用した例

※出典：「住宅省エネルギー技術講習テキスト 設計・施工編」／一般社団法人木を活かす建築推進協議会

屋根の断熱材の入れ方いろいろ

夏期は1年のうち最も日射が強く、屋根の外部表面が70度を超える
こともあります。2階やロフトを涼しく活用するためにも屋根からの
熱侵入を抑える工夫が必要です。

夏は70℃
にもなる！

垂木間充填

垂木間最上部に段ボール製のスペーサーを入れるか、垂木間そのものを通気層とし、所定の厚
さの断熱材を充填します。野縁下に防湿フィルムを張ります。吊り木などが入ると断熱材を入
れにくいため、下図のように枠組み用のせいの大きな部材を使う方法もあります

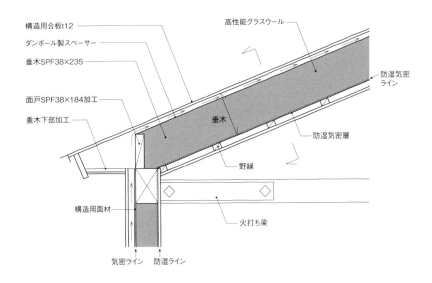

構造用合板t12
ダンボール製スペーサー
垂木SPF38×235
面戸SPF38×184加工
垂木下部加工
構造用面材
気密ライン　防湿ライン
高性能グラスウール
防湿気密ライン
垂木
防湿気密層
野縁
火打ち梁

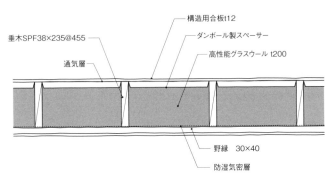

垂木SPF38×235@455
通気層
構造用合板t12
ダンボール製スペーサー
高性能グラスウール t200
野縁　30×40
防湿気密層

ブローイング

厚さは必要ですが、和小屋や天井下地の細かな凹凸を気にしなくてよい工法です。構造面材、面戸、一層目野地板で気密ラインを、室内側ポリエチレンフィルムで防湿ラインを完結させます

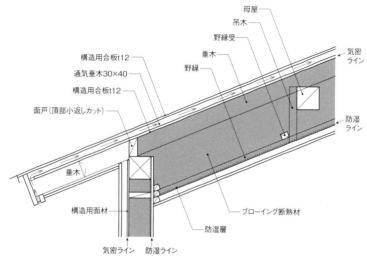

母屋
吊木
野縁受
垂木
野縁
気密ライン
構造用合板t12
通気垂木30×40
構造用合板t12
面戸(頂部小返しカット)
防湿ライン
垂木
構造用面材
ブローイング断熱材
防湿層
気密ライン　防湿ライン

桁上断熱

小屋組の上部に一度合板でステージをつくり、その上に断熱材を敷く工法です。厚物合板のステージで床倍率を最大3出すことができます。防湿シートは合板のステージの「上」から簡単に施工できます

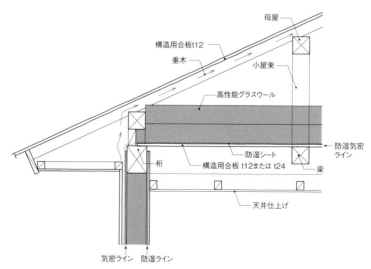

母屋
構造用合板t12
垂木
小屋束
高性能グラスウール
防湿気密ライン
防湿シート
桁
構造用合板 t12またはt24
梁
天井仕上げ
気密ライン　防湿ライン

ベタ基礎で床下結露を防ぐ

布基礎で床下に土が露出している場合、夏の床下は外気より低温になり、床下換気が不十分だときわめて高い相対湿度になります。床下の湿気が多くなればなるほど、腐朽菌が発生しやすくなり、木材は腐りやすくなります。冬は水蒸気を含んだ床下空気が、土台の隙間などから壁の中空層に流入し壁体内結露を発生させることがあります。

一昔前の基礎

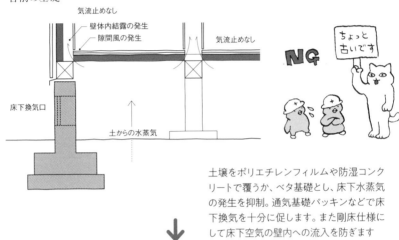

気流止めなし
壁体内結露の発生
隙間風の発生
気流止めなし
床下換気口
土からの水蒸気

土壌をポリエチレンフィルムや防湿コンクリートで覆うか、ベタ基礎とし、床下水蒸気の発生を抑制。通気基礎パッキンなどで床下換気を十分に促します。また剛床仕様にして床下空気の壁内への流入を防ぎます

現代の基礎

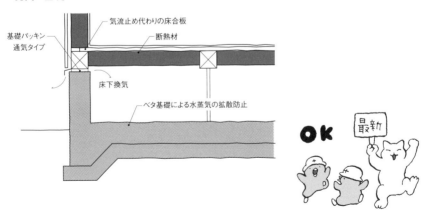

気流止め代わりの床合板
基礎パッキン
通気タイプ
断熱材
床下換気
ベタ基礎による水蒸気の拡散防止

小屋裏換気で結露を防ぐ

金属屋根材やルーフィングの透湿抵抗は非常に大きいので、天井断熱の小屋裏、屋根断熱のときの天井裏で結露を防ぐには、屋根通気層や小屋裏換気口を設けるのが原則となります。

小屋裏換気の設置基準

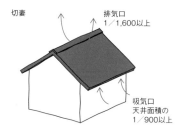

切妻の妻面に設ける換気口は、あまり効果が期待できません。切妻でも寄棟でも軒先から空気を入れて屋根頂部で排出するのを原則とします

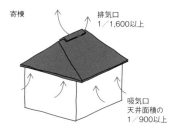

温度差による自然換気の働きで、湿気を含んだ空気や小屋裏の熱気を効率よく排気し、冬の結露や室温の上昇を防ぎます

小屋裏換気の計算例

天井実面積＝天井投影平面積×勾配伸び率
　4間×4間×3.3㎡×1.16＝61㎡＝610,000㎠

切妻屋根の必要吸気口面積
　610,000㎠×1／900＝678㎠

頂部の必要排気口面積
　610,000㎠×1／1600＝381㎠

吸気口の実面積
　4間×182cm×2cm×50%＝728㎠＞678
　　　　　　　　　　　　　　　　　＞381

吸気口も排気口も4間×2cmで開口率50%のスリットで足りるが、有孔板などでは吸気量が不十分

※出典：『フラット35Ｓ対応　木造住宅工事仕様書　2021年度版』独立行政法人住宅金融支援機構編著／井上書院

通気は壁下端から屋根頂部に抜く

通気層は家をすっぽりくるむように設置します。壁の際下部や軒先から外気を取り入れ、屋根の最頂部から排出するのが原則です。通気層は壁で18mm以上、屋根で30mm以上の寸法を確保します。外気の取り入れ口はそこから雨漏りしないよう専用の換気部材などを設置します。

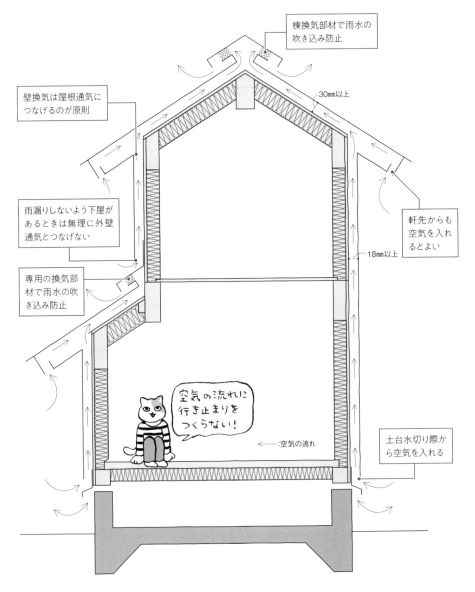

棟換気部材で雨水の吹き込み防止

壁換気は屋根通気につなげるのが原則

30mm以上

雨漏りしないよう下屋があるときは無理に外壁通気とつなげない

軒先からも空気を入れるとよい

18mm以上

専用の換気部材で雨水の吹き込み防止

空気の流れに行き止まりをつくらない！

←:空気の流れ

土台水切り際から空気を入れる

屋根頂部には換気部材が必須

屋根頂部では野地合板を20〜30mm程度開け、水を防ぎながら水蒸気を排出する換気部材を設けます。換気部材は金属をガラリ状に加工したもの、細い管を固めた樹脂製のものなどがあります。立はぜ葺きのときは雨押えの上に、換気部材を乗せる関係で一段屋根が高くなります。

換気部材は既製品を使うのが一般的です

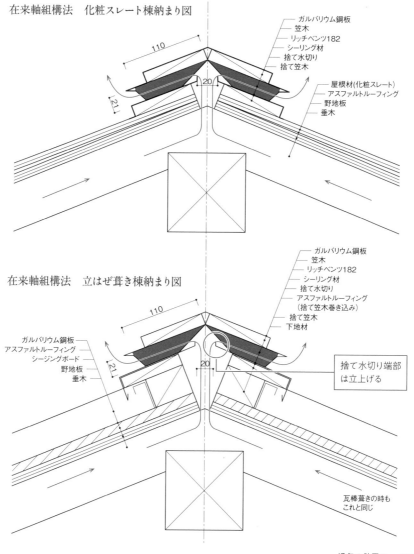

在来軸組構法　化粧スレート棟納まり図

- ガルバリウム鋼板
- 笠木
- リッチベンツ182
- シーリング材
- 捨て水切り
- 捨て笠木
- 屋根材(化粧スレート)
- アスファルトルーフィング
- 野地板
- 垂木

110
20
21

在来軸組構法　立はぜ葺き棟納まり図

- ガルバリウム鋼板
- 笠木
- リッチベンツ182
- シーリング材
- 捨て水切り
- アスファルトルーフィング(捨て笠木巻き込み)
- 捨て笠木
- 下地材

- ガルバリウム鋼板
- アスファルトルーフィング
- シージングボード
- 野地板
- 垂木

110
20
21

捨て水切り端部は立上げる

瓦棒葺きの時もこれと同じ

軒先通気の基本

軒先は、水の侵入を防ぎながらどこから外気を導入するか、壁通気と屋根通気とをどうつなげるか、樋をどうつけるかなどがテーマです。けらば側は通気垂木で屋根通気層と壁通気層が分断されることがあるので、通気垂木をエアーホール加工するなどで通気を確保します。

外壁通気と屋根通気をつなぐ場合の要点

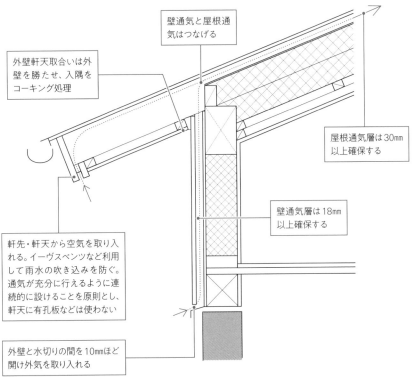

壁通気と屋根通気はつなげる

外壁軒天取合いは外壁を勝たせ、入隅をコーキング処理

屋根通気層は30mm以上確保する

壁通気層は18mm以上確保する

軒先・軒天から空気を取り入れる。イーヴスベンツなど利用して雨水の吹き込みを防ぐ。通気が充分に行えるように連続的に設けることを原則とし、軒天に有孔板などは使わない

外壁と水切りの間を10mmほど開け外気を取り入れる

雨漏りが発生しやすい等の理由から壁通気と屋根通気をつなげる納まり推奨！

外壁通気と屋根通気を別に設ける場合の要点

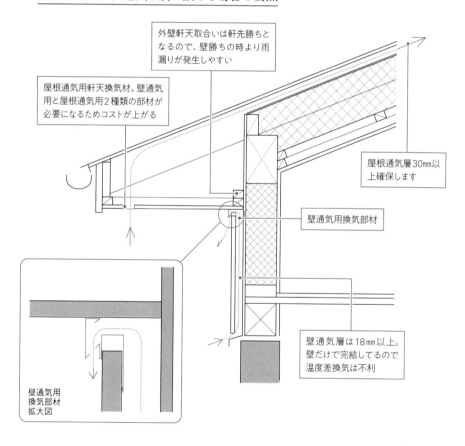

外壁軒天取合いは軒先勝ちとなるので、壁勝ちの時より雨漏りが発生しやすい

屋根通気用軒天換気材。壁通気用と屋根通気用2種類の部材が必要になるためコストが上がる

屋根通気層30mm以上確保します

壁通気用換気部材

壁通気用換気部材拡大図

壁通気層は18mm以上。壁だけで完結してるので温度差換気は不利

外壁通気の基本

外壁は複数の材料を組み合わせて、構造、止水、防湿、断熱、気密、通気の性能を確保します。壁体内結露が生じないように、室内側には防湿フィルム、屋外側には、構造用面材、透湿防水シート、通気層を必ず設けます。

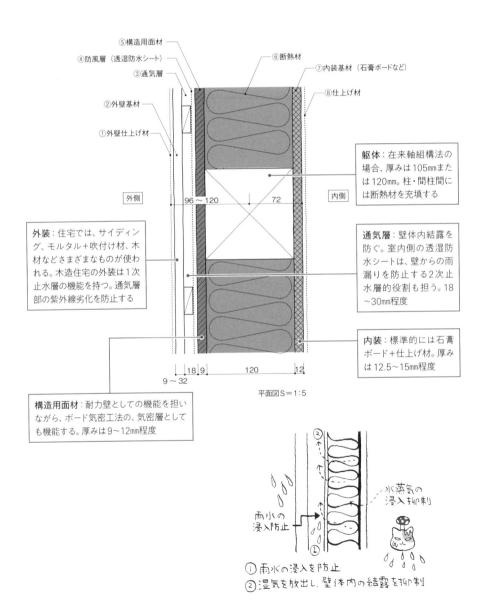

⑤構造用面材
④防風層（透湿防水シート）
③通気層
②外壁基材
①外壁仕上げ材
⑥断熱材
⑦内装基材（石膏ボードなど）
⑧仕上げ材

外側
内側

96〜120
72

18 9
120
12
9〜32

平面図S＝1：5

外装：住宅では、サイディング、モルタル＋吹付け材、木材などさまざまなものが使われる。木造住宅の外装は1次止水層の機能を持つ。通気層部の紫外線劣化を防止する

躯体：在来軸組構法の場合、厚みは105mmまたは120mm。柱・間柱間には断熱材を充填する

通気層：壁体内結露を防ぐ。室内側の透湿防水シートは、壁からの雨漏りを防止する2次止水層的役割も担う。18〜30mm程度

内装：標準的には石膏ボード＋仕上げ材。厚みは12.5〜15mm程度

構造用面材：耐力壁としての機能を担いながら、ボード気密工法の、気密層としても機能する。厚みは9〜12mm程度

雨水の浸入防止
水蒸気の浸入抑制

①雨水の浸入を防止
②湿気を放出し、壁体内の結露を抑制

下屋がある場合の通気

住宅瑕疵担保責任保険の基準では、下屋の最頂部は、ルーフィングを壁側に250立上げるのが原則となるため、そのままだと屋根通気がふさがり、かつ屋根通と外壁通気がうまくつなげられません。しかし、既製品の通気部材を使えば、ルーフィングの立上りルールを適用しないことができ、通気が確保できます。

ハイサイドライトの下部などは、下屋とサッシが近接することになります。この時、野地の端部から窓台までは250㎜程度の寸法が必要になります。

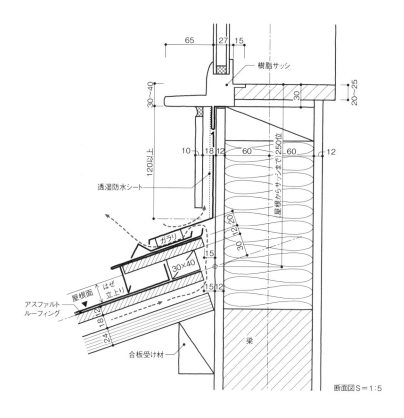

断面図S＝1:5

雨漏りしない軒ゼロの通気

軒の出ない住宅は雨漏り事故が多いといわれています。これは破風鼻隠しを設置した後に外壁を施工するため、コーキング頼りの納まりになることが主な原因です。雨漏りしない軒ゼロ屋根をつくるには、下記が有効です。

- ・壁透湿防水シートを屋根にも施工し、透湿防水シートで家をすっぽりくるむ
- ・唐草、鼻隠し(または破風)で雨水を2回切る
- ・鼻隠し(または破風)を外壁の施工後に設置し、十分な重ねをとる
- ・外壁と鼻隠し(または破風)の間は樹脂の通気部材などを利用して止水する

木外壁の納まり例

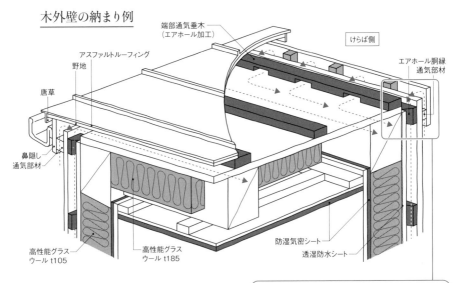

端部通気垂木
(エアホール加工)

けらば側

アスファルトルーフィング
野地

エアホール胴縁
通気部材

唐草

鼻隠し
通気部材

高性能グラス
ウール t105

高性能グラス
ウール t185

防湿気密シート

透湿防水シート

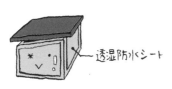

透湿防水シート

透湿防水シートで家をすっぽりくるむイメージ

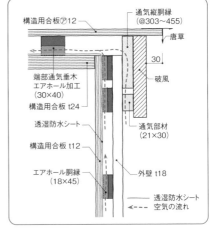

構造用合板⑦12

通気縦胴縁
(@303〜455)

唐草

30

破風

端部通気垂木
エアホール加工
(30×40)

構造用合板 t24

透湿防水シート

構造用合板 t12

エアホール胴縁
(18×45)

通気部材
(21×30)

外壁 t18

透湿防水シート
空気の流れ

小波板外壁の納まり例

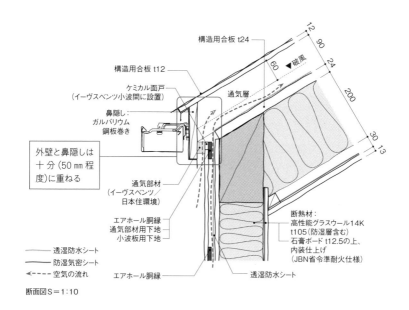

構造用合板 t24
構造用合板 t12
ケミカル面戸
（イーヴスベンツ小波間に設置）
鼻隠し：
ガルバリウム
鋼板巻き

破風

通気層

12
90
60
24
200
30
13

外壁と鼻隠しは
十分（50 mm 程
度）に重ねる

通気部材
（イーヴスベンツ／
日本住環境）

エアホール胴縁
通気部材用下地
小波板用下地

エアホール胴縁

断熱材：
高性能グラスウール14K
t105（防湿層含む）
石膏ボード t12.5の上、
内装仕上げ
（JBN省令準耐火仕様）

透湿防水シート

―――― 透湿防水シート
―――― 防湿気密シート
◀----- 空気の流れ

断面図S＝1：10

外壁材上部は
捨てチャンネ
ルと破風板金
で確実に止水
する

捨て
チャンネル

破風板金

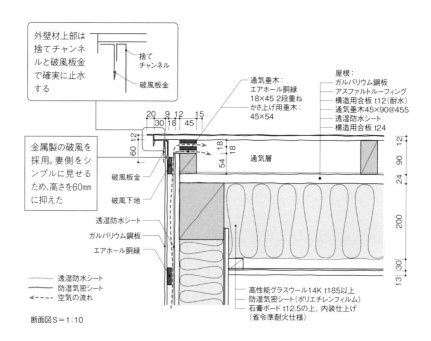

通気垂木：
エアホール胴縁
18×45 2段重ね
かさ上げ用垂木：
45×54

屋根：
ガルバリウム鋼板
アスファルトルーフィング
構造用合板 t12（耐水）
通気垂木45×90@455
透湿防水シート
構造用合板 t24

20
30
9
18
12
45
15

金属製の破風を
採用。妻側をシ
ンプルに見せる
ため、高さを60mm
に抑えた

60
12
54
18
18

通気層

12
90
24
200
30
13

破風板金

破風下地

透湿防水シート

ガルバリウム鋼板

エアホール胴縁

高性能グラスウール14K t185以上
防湿気密シート（ポリエチレンフィルム）
石膏ボード t12.5の上、内装仕上げ
（省令準耐火仕様）

―――― 透湿防水シート
―――― 防湿気密シート
◀----- 空気の流れ

断面図S＝1：10

通気胴縁は横・縦を使い分ける

材料を問わず、外壁が横張りなら、通気胴縁は間柱・柱に合わせ、縦で@455で施工します。通気胴縁の一般的なサイズは18×45〜30×40程度です。

外壁が縦張りなら、通気胴縁は横、@455程度で施工します。横の場合、空気の流れをせき止めてしまうので、エアーホール胴縁を使うことを原則とします。

発泡ポリスチレンやフェノールフォームの上から通気胴縁を固定する外張り断熱（付加断熱）の場合は、曲げに抵抗できる専用の太いビス（シネジック、パネリードなど）を使用します。

縦胴縁は柱・間柱にビス留め

縦胴縁は455mm間隔でしっかりと間柱・柱にビス留めします。またサッシ周囲などには30mm以上の通気スペースを設けます

開口部上下は、30mmの隙間を空けたうえでエアホール胴縁にする手も

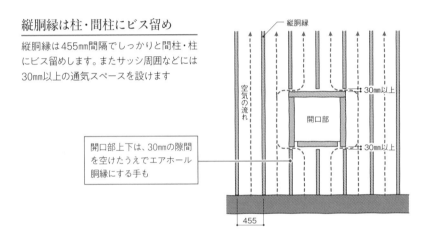

横胴縁はエアホール加工したものを使う

ガルバリウム鋼板の角波・小波など外壁自体に通気をとれるとき以外はエアホール胴縁を原則とします。この場合もサッシ周囲などには30mm以上の通気スペースを設けます。より確実な通気を期待するときは、エアホール加工のない縦胴縁を施工し、その上に横胴縁を施工します

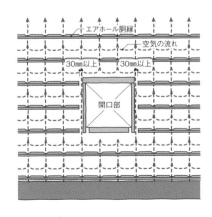

壁と屋根の取合い部は通気層をつなぐ

壁と屋根の取合い部で通気層が塞がれることがないよう、必ず通気層をつないでおきます。透湿防水シートを一層目野地板の上に張り上げれば、理想的です

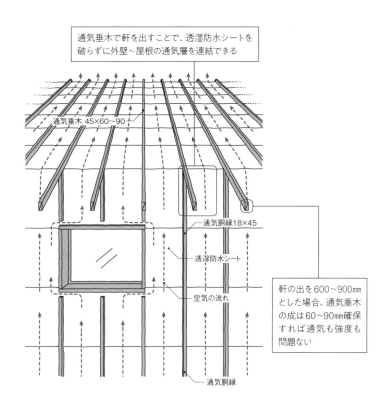

通気垂木で軒を出すことで、透湿防水シートを破らずに外壁〜屋根の通気層を連結できる

通気垂木 45×60〜90

通気胴縁18×45

透湿防水シート

空気の流れ

軒の出を600〜900mmとした場合、通気垂木の成は60〜90mm確保すれば通気も強度も問題ない

通気胴縁

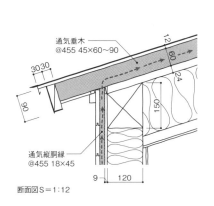

通気垂木
@455 45×60〜90

30 30

12 60 24

150

90

通気縦胴縁
@455 18×45

9 120

断面図S＝1:12

湿気

透湿防水シート

雨

透湿防水シートは
雨をはじき、
湿気を通す

ベタ基礎は2回打ち

ベタ基礎は下部にハンチ（斜めの掘り下げ）のある特徴的な断面をしていますが、これは土を型枠代わりに使うためです。ベタ基礎は通常は2回打ちで、1回目耐圧板を平らに打設、2回目立上りを打設します。1回打ちの場合、シロアリに対する安全性が増しますが、浮き型枠用の資材費用が増え、かつ打設の難易度が上がるので、対応できない工務店が多いです。

1 捨てコンクリートを打設する

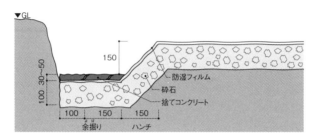

地面はランマーなどで十分転圧する

遣り方の後、所定の高さまで掘削、砕石を敷き、転圧。防湿フィルムを敷き、墨出しおよび鋼製枠固定用に捨てコンクリートを打設します

2 基礎部分に配筋する

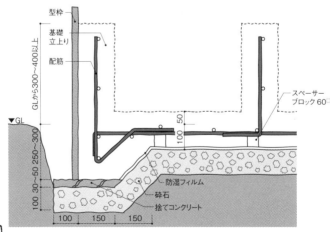

鉄筋を組む前にA型枠を設置するよ

外型枠を設置したら、鉄筋を組みます。スラブ筋の下部にはスペーサーブロックをはさみ、かぶり厚を確保。アンカーボルトやスリーブも打設前に必ず設置しておきます

3 底部にコンクリートを打設する

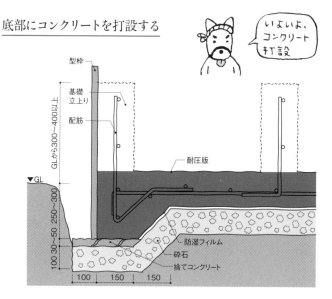

いよいよ、コンクリート打設

圧縮強度試験用のテストピースを採取。スランプ、空気量を確認したら、バイブレーターをかけながら、配合計画書どおりのコンクリートを打設していきます

4 立上り部にコンクリートを打設する

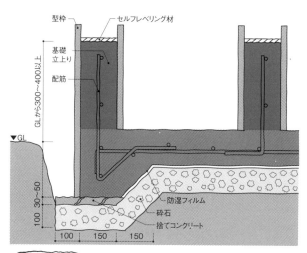

打設後は、不織布などで養生するよ

1回目の打設後、外周部内型枠と中通り立上り型枠を設置、立上りコンクリートを打設します。天端にはセルフレベリング材を流し、不陸調整を行います

土台、胴差廻りの勝負にこだわる

床合板は定尺が910×1,820サイズとなるので、胴差廻り、土台廻りの合板は心まで張ります。心から外壁までは合板同厚のパッキン材（図面A）を入れる形になります。床合板の直上には内壁ボードの固定用にボード受け（図面B）を設置します。胴差廻りも同様に、合板直上に石膏ボード受け（図面C）を入れておきます。断熱材を充填したら、防湿フィルムは床側に垂らしておきます。床材はフィルムをおさえるように柱ギリギリまで施工し、次に壁の石膏ボードを施工します。

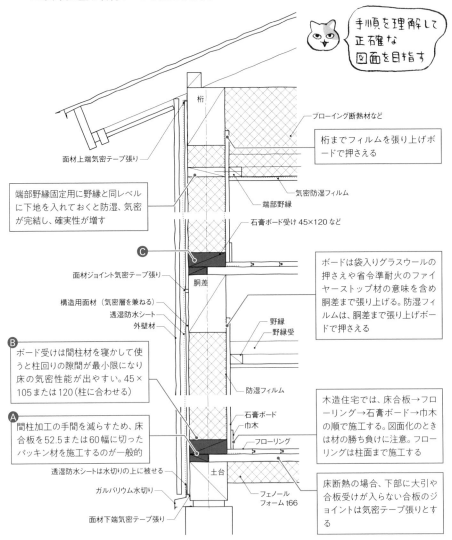

手順を理解して正確な図面を目指す

桁

ブローイング断熱材など

桁までフィルムを張り上げボードで押さえる

面材上端気密テープ張り

気密防湿フィルム

端部野縁

端部野縁固定用に野縁と同レベルに下地を入れておくと防湿、気密が完結し、確実性が増す

石膏ボード受け 45×120 など

C

面材ジョイント気密テープ張り

胴差

構造用面材（気密層を兼ねる）
透湿防水シート
外壁材

ボードは袋入りグラスウールの押さえや省令準耐火のファイヤーストップ材の意味を含め胴差まで張り上げる。防湿フィルムは、胴差まで張り上げボードで押さえる

野縁
野縁受

B
ボード受けは間柱材を寝かして使うと柱回りの隙間が最小限になり床の気密性能が出やすい。45×105または120（柱に合わせる）

防湿フィルム

木造住宅では、床合板→フローリング→石膏ボード→巾木の順で施工する。図面化のときは材の勝ち負けに注意。フローリングは柱面まで施工する

A
間柱加工の手間を減らすため、床合板を52.5または60幅に切ったパッキン材を施工するのが一般的

石膏ボード
巾木
フローリング

透湿防水シートは水切りの上に被せる

ガルバリウム水切り

土台

面材下端気密テープ張り

フェノールフォーム t66

床断熱の場合、下部に大引や合板受けが入らない合板のジョイントは気密テープ張りとする

天井下地の組み方

天井は省令準耐火を考えて12.5mmの（強化）石膏ボード＋仕上げ（クロス、塗装、左官など）を標準と考えておきましょう。天井下地は30×40のアカマツKD材で組むケースがほとんどです。この時、吊り木、野縁受は@910程度、野縁は@303〜455で施工します。

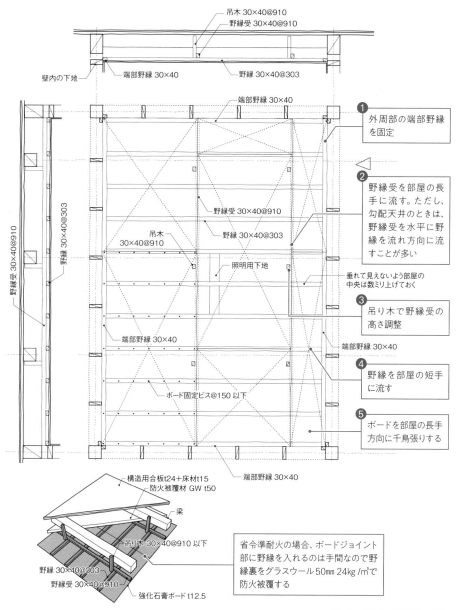

吊木 30×40@910
野縁受 30×40@910
端部野縁 30×40
壁内の下地
野縁 30×40@303

端部野縁 30×40

① 外周部の端部野縁を固定

② 野縁受を部屋の長手に流す。ただし、勾配天井のときは、野縁受を水平に野縁を流れ方向に流すことが多い

野縁受 30×40@910
吊木 30×40@910
野縁 30×40@303
照明用下地

垂れて見えないよう部屋の中央は数ミリ上げておく

③ 吊り木で野縁受の高さ調整

端部野縁 30×40

端部野縁 30×40

④ 野縁を部屋の短手に流す

ボード固定ビス@150以下

⑤ ボードを部屋の長手方向に千鳥張りする

野縁受 30×40@910
野縁 30×40@303

端部野縁 30×40

構造用合板t24＋床材t15
防火被覆材 GW t50
梁
吊り木 30×40@910以下
野縁 30×40@303
野縁受 30×40@910以下
強化石膏ボード t12.5

省令準耐火の場合、ボードジョイント部に野縁を入れるのは手間なので野縁裏をグラスウール50mm 24kg/㎡で防火被覆する

屋根の標準断面3つ

屋根の標準断面は構造体の組み方によって変わりますが、次の3つが基本形となります。

和小屋充填断熱

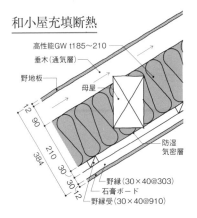

高性能GW t185〜210
垂木(通気層)
野地板
母屋
防湿気密層
野縁(30×40@303)
石膏ボード
野縁受(30×40@910)
12
90
210
384
30
30
12

和小屋の小屋組、野地1枚、天井仕上げがあるケースです。垂木部分をそのまま通気層に利用し(垂木間に段ボール製のスペーサーを入れる方法もあります)、母屋間に断熱材(6地域は高性能グラスウール185mm以上)を充填した断面です

登り梁充填断熱

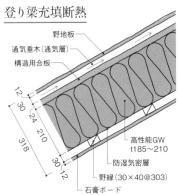

野地板
通気垂木(通気層)
構造用合板
高性能GW t185〜210
防湿気密層
野縁(30×40@303)
石膏ボード
12
30
24
210
318
30
12

登り梁形式の小屋組、野地2枚、天井仕上げがあるケースです。2枚の野地間に通気垂木を入れ、下の野地と天井下地の間に断熱材(6地域は高性能グラスウール185mm以上)を充填した断面です

登り梁外張断熱

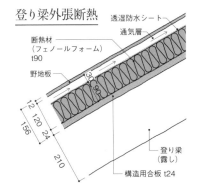

透湿防水シート
通気層
断熱材(フェノールフォーム)t90
野地板
30×90
登り梁(露し)
構造用合板 t24
12
120
156
24
210

登り梁形式の小屋組、野地2枚、天井仕上げがないケースです。下の野地と上の野地の間に断熱材(6地域はフェノールフォーム90mm以上)と通気垂木30mm(30mm×90mm平使い、パネリード固定)を入れた断面です

屋根材と勾配の関係

下表は国内でよく使われる主要な屋根材の最小勾配、最大流れ長さ、最小曲げ半径を一覧にしたものです。屋根材によって、それらの数値が変わってくるので、設計の際は、予め屋根材を決めましょう。屋根材選定の際は、表にある項目のほかに、気候風土、重量、意匠、色、素材感、耐用年数などを総合的に判断する必要があります。太陽光発電がある場合は、屋根に穴を開けずに済むタイプ（ガルバリウム鋼板立はぜ葺きなど）を選定します。

表　各種屋根葺材種の最小屋根勾配・最大流れ長さなど

素材／性能		最小屋根勾配	最大流れ長さ[※2] (m)	反り方向の最小曲げ半径 (m)	起り方向の最小半径 (m)
粘土瓦[※1]	本葺瓦	5.0／10	20	(3.5／100)	(3.5／100)
	和形桟瓦	4.0／10[※3]	20	(3.5／100)	(3.5／100)
	S形瓦	4.0／10	20	(3.5／100)	(3.5／100)
	スパニッシュ瓦	4.5／10	10	(3／100)	(3／100)
	フレンチ瓦	4.0／10	12	—	—
	平板瓦	3.0／10	10〜20	—	—
住宅用屋根スレート		3.0／10	7[※4]	16	20
不燃シングル		1.0／10	制限なし[※5]	0.05	0.05
天然スレート		4.0／10	7	2	3
金属板	平葺き 一文字葺き	3.5／10	10	0.3	0.3
	平葺き 菱葺き	3.5／10	10	0.3	0.3
	平葺き 亀甲葺き	3.5／10	5	0.5	0.5
	立はぜ葺き 立はぜ葺き	3.0／10	5	200	20
	立はぜ葺き 立平葺き	0.5／10	10	200	15
	立はぜ葺き 蟻掛け葺き	0.5／10	10	200	15
	瓦棒葺き 心木あり瓦棒葺き	1.0／10[※6]	10	200	30
	瓦棒葺き 心木なし瓦棒葺き	0.5／10	40[※7]	200	20
	瓦棒葺き 重ね瓦棒葺き	0.5／10	50	150〜200	50〜80
	波板葺き 波板葺き	3.5／10	10	150	30
	波板葺き 大波はぜ葺き	1.0／10	30	150	20
	折板葺き 重ね式折板葺き	0.3／10	50	250（山高100 mm以下の場合）	125（山高100 mm以下の場合）
	折板葺き はぜ式折板葺き	0.3／10	50		
	折板葺き 嵌合式折板葺き	0.3／10	50		
	横葺き 段葺き	3.5／10	5	0.5	0.5
	横葺き 横葺き	3.5／10	30	製品による	製品による
	金属瓦葺き	3.5／10	製品による	製品による	製品による
	溶接葺き	0.1／10	50	0.3	0.3

※1 建築基準法では陶器瓦やセメント瓦は重い屋根、化粧スレートや金属屋根は軽い屋根に分類される　※2 最小勾配の場合の目安　※3 製品によっては3.5／10程度まで可　※4 最も一般的な形状のものの場合。製品によって異なる　※5 メーカー指定の下地を使用のこと　※6 長尺板の場合。定尺板の場合は0.35／10　※7 通し吊子の場合。部分吊子の場合は30m

金属屋根は万能？

軽量なため耐震上有利で、止水上も信頼できるガルバリウム鋼板の屋根は、現代的な木造住宅に最も適した屋根材のひとつです。現場ではぜを加工するのは時間と費用がかかるので、最近は立はぜ葺きでも横葺きでも、工場ではぜをあらかじめ加工したものを使うケースが増えてきています。

立はぜ葺き（嵌合タイプ）

最小勾配は0.5寸、かつ表情がシンプルですっきりしているので、どんな建物にも利用できます。さざ波加工したものを使うとべこつきが出ません。屋根頂部は、棟カバーや雨押えが付くので、はぜ＋αということで40mmほど屋根が高くなります

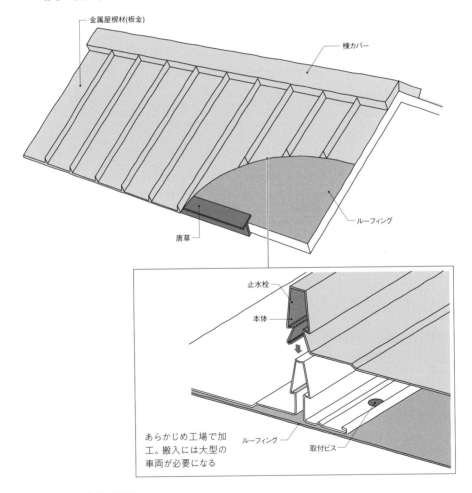

金属屋根材(板金)

棟カバー

ルーフィング

唐草

止水栓

本体

あらかじめ工場で加工。搬入には大型の車両が必要になる

ルーフィング

取付ビス

横葺き

工場加工品の最小勾配は3寸程度。垂直面でも施工できるので、壁と屋根が連続した意匠も可能。葺く単位が立はぜ葺きなどより小さくなるので、一般的に立はぜよりコストは高くなります

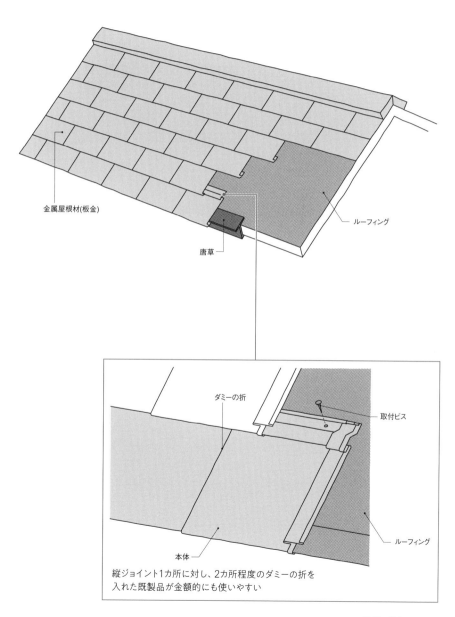

金属屋根材(板金)

ルーフィング

唐草

ダミーの折

取付ビス

本体

ルーフィング

縦ジョイント1カ所に対し、2カ所程度のダミーの折を
入れた既製品が金額的にも使いやすい

バルコニーのリスク回避術

腰壁が廻る木造住宅のバルコニーの床は、ほぼFRP防水で施工されています。漏水の危険がもっとも高い部位のひとつなので、住宅瑕疵担保責任保険の仕様書通りの施工が求められます。部屋の上部にバルコニーが配置される場合は、漏水や結露などに特に注意が必要です。

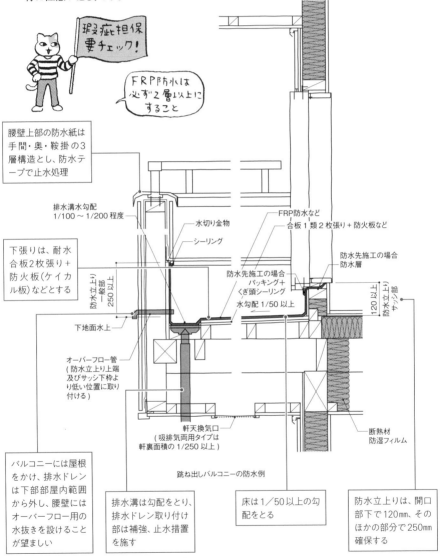

瑕疵担保
要チェック!

FRP防水は
必ず2層以上に
すること

腰壁上部の防水紙は
手間・奥・鞍掛の3
層構造とし、防水テ
ープで止水処理

排水溝水勾配
1/100〜1/200程度

FRP防水など

水切り金物

合板1類2枚張り＋防火板など

シーリング

下張りは、耐水
合板2枚張り＋
防火板(ケイカ
ル板)などとする

防水立上り
一般部
250以上

防水先施工の場合
防水層

防水先施工の場合
パッキング＋
くぎ頭シーリング

水勾配1/50以上

120以上
防水立上り
サッシ部

下地面水上

オーバーフロー管
(防水立上り上端
及びサッシ下枠よ
り低い位置に取り
付ける)

軒天換気口
(吸排気両用タイプは
軒裏面積の1/250以上)

断熱材
防湿フィルム

跳ね出しバルコニーの防水例

バルコニーには屋根
をかけ、排水ドレン
は下部屋内範囲
から外し、腰壁には
オーバーフロー用の
水抜きを設けること
が望ましい

排水溝は勾配をとり、
排水ドレン取り付け
部は補強、止水措置
を施す

床は1/50以上の勾
配をとる

防水立上りは、開口
部下で120mm、その
ほかの部分で250mm
確保する

※出典:『まもりすまい保険　設計施工基準・同解説』/住宅保証機構株式会社

無理がない屋根上のバルコニー

コンクリートのように止水性能のない木造で、左図のように腰壁を立ち上げてプールにするバルコニーのつくり方はもともと無理があります。FRP防水の保証期間はたったの10年しかありませんから、バルコニーは「屋根＋デッキ」でつくるほうが圧倒的によいでしょう。

屋根＋デッキのバルコニーの納まり

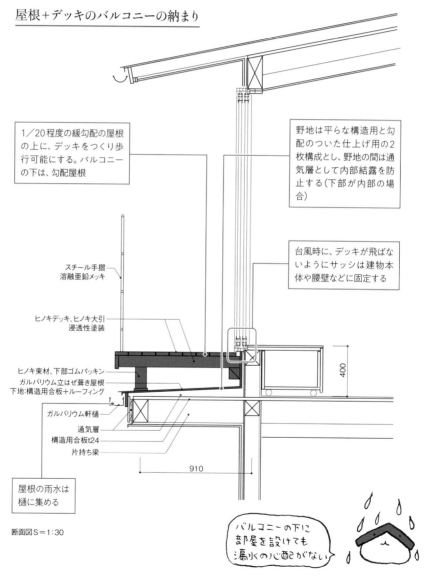

1／20程度の緩勾配の屋根の上に、デッキをつくり歩行可能にする。バルコニーの下は、勾配屋根

野地は平らな構造用と勾配のついた仕上げ用の2枚構成とし、野地の間は通気層として内部結露を防止する（下部が内部の場合）

台風時に、デッキが飛ばないようにサッシは建物本体や腰壁などに固定する

スチール手摺
溶融亜鉛メッキ

ヒノキデッキ、ヒノキ大引
浸透性塗装

ヒノキ束材、下部ゴムパッキン
ガルバリウム立はぜ葺き屋根
下地：構造用合板＋ルーフィング

ガルバリウム軒樋

通気層
構造用合板t24
片持ち梁

屋根の雨水は樋に集める

400

910

断面図S＝1:30

バルコニーの下に
部屋を設けても
漏水の心配がない

サッシの取り付け

鉄筋コンクリート造のサッシは躯体に溶接で固定しますが、木造用の樹脂サッシは固定用のフィンを構造用面材の上からビス留めして固定します。また、乾式材料の外壁や通気層の見切りにもなるように、サッシは外壁より数センチ、飛び出す形で設置するように設計されています（半外付けサッシと呼ばれます）。

住宅用のサッシにはフィンがある

構造用面材の上にフィンを重ねてビス留めし、両面テープを張って透湿防水シートをサッシに固定すると、止水が完結します

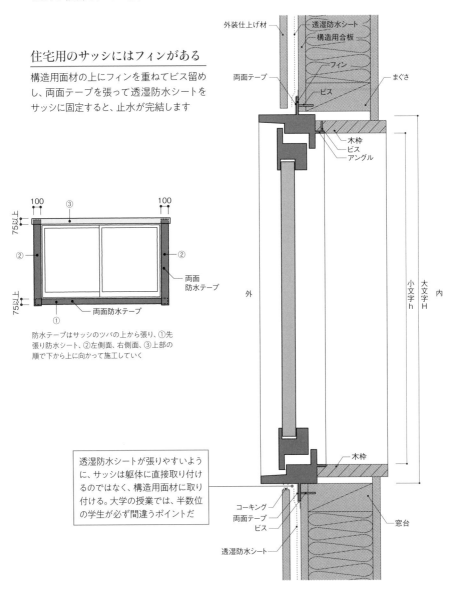

防水テープはサッシのツバの上から張り、①先張り防水シート、②左側面、右側面、③上部の順で下から上に向かって施工していく

透湿防水シートが張りやすいように、サッシは躯体に直接取り付けるのではなく、構造用面材に取り付ける。大学の授業では、半数位の学生が必ず間違うポイントだ

サッシをはめ込むためにクリア寸法を確保

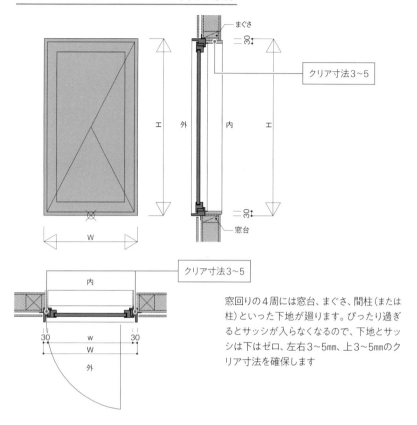

まぐさ

30

クリア寸法3~5

エ　外　内　エ

30

窓台

W

クリア寸法3~5

内

30　w　30
W
外

窓回りの4周には窓台、まぐさ、間柱（または柱）といった下地が廻ります。ぴったり過ぎるとサッシが入らなくなるので、下地とサッシは下はゼロ、左右3~5mm、上3~5mmのクリア寸法を確保します

アングルはありかなしか

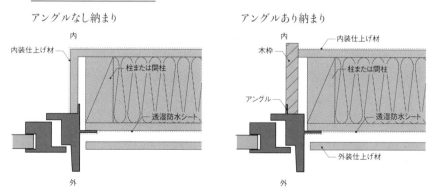

アングルなし納まり

内

内装仕上げ材

柱または間柱

透湿防水シート

外

アングルあり納まり

内

内装仕上げ材

木枠

柱または間柱

アングル

透湿防水シート

外装仕上げ材

外

サッシにはアングル付き製品とアングルなし製品があります。アングルなし製品はどんな納まりも可能ですが、アングル付き商品は、木枠無しにはできません

掃出し窓の納まり

木造用樹脂サッシ掃出し窓の納まりは、腰窓と基本的に同じです。固定用フィンを構造用面材の上からビス留めして固定します。ただしH寸法のとり方が、サッシが乗る「土台（窓台）」からではなく、30〜40mm程度上がった「床から」になることが多いので、注意してカタログ数値を見てください。

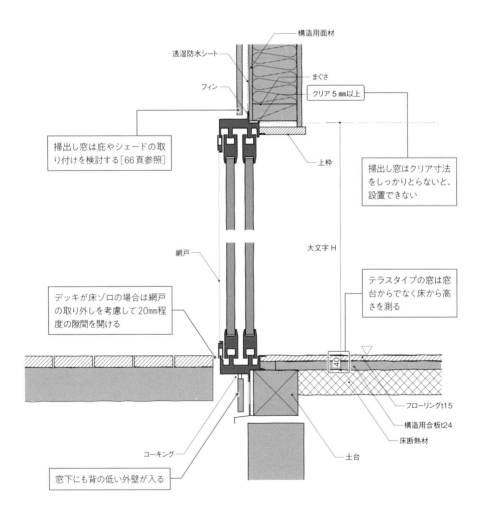

構造用面材

透湿防水シート

まぐさ

フィン

クリア5mm以上

掃出し窓は庇やシェードの取り付けを検討する［66頁参照］

上枠

掃出し窓はクリア寸法をしっかりとらないと、設置できない

網戸

大文字H

テラスタイプの窓は窓台からでなく床から高さを測る

デッキが床ゾロの場合は網戸の取り外しを考慮して20mm程度の隙間を開ける

40

フローリングt15

構造用合板t24

床断熱材

コーキング

土台

窓下にも背の低い外壁が入る

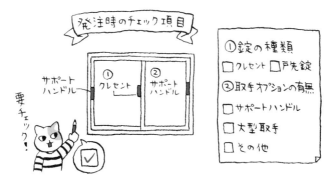

発注時のチェック項目

①錠の種類
　□ クレセント　□ 戸先錠
②取手オプションの有無
　□ サポートハンドル
　□ 大型取手
　□ その他

1間半の引違い掃出し窓は非常に重くなるので、サポートハンドル、
大型ハンドルなど取手オプションを選定しておくのが無難

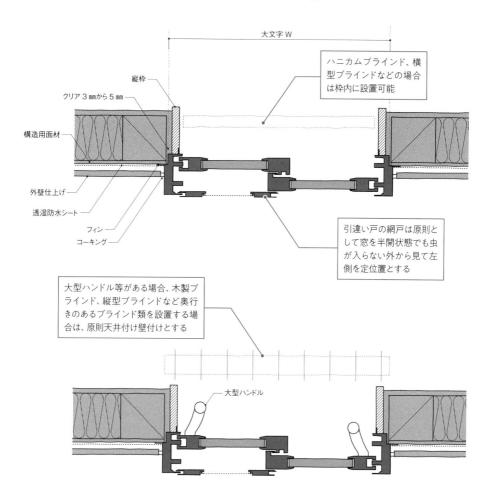

大文字 W

縦枠

クリア 3 mm から 5 mm

構造用面材

外壁仕上げ

透湿防水シート

フィン

コーキング

ハニカムブラインド、横
型ブラインドなどの場合
は枠内に設置可能

引違い戸の網戸は原則と
して窓を半開状態でも虫
が入らない外から見て左
側を定位置とする

大型ハンドル等がある場合、木製ブ
ラインド、縦型ブラインドなど奥行
きのあるブラインド類を設置する場
合は、原則天井付け壁付けとする

大型ハンドル

一般的な外壁仕上げ材

外壁材料は、素材感、色合い、形状、張り方などのデザイン面だけでなく、気候風土、防火性能、防錆性能、メンテナンス頻度、ライフサイクルコストなどを総合的に考えて選定しましょう。法22条区域や準防火地域であれば、どの材料でも使えます［木外壁の詳細は172頁参照］。

ガルバリウム鋼板

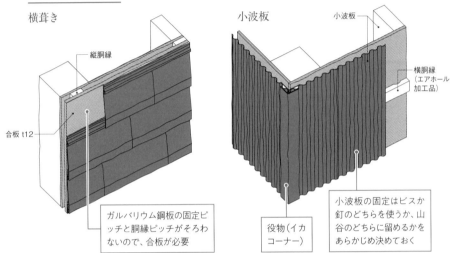

横葺き

縦胴縁

合板 t12

ガルバリウム鋼板の固定ピッチと胴縁ピッチがそろわないので、合板が必要

小波板

小波板

横胴縁（エアホール加工品）

役物（イカコーナー）

小波板の固定はビスか釘のどちらを使うか、山谷のどちらに留めるかをあらかじめ決めておく

層の組み合わせで防火の取得が可能。小波、角波などはコーキングなしで施工できます。亜鉛の犠牲防食作用［※］により赤さびは出にくいですが、雨がかりにならない部分は白さびが出ることがあるので、海沿いの利用は注意が必要です

ラスモルタル+吹付け（または左官）

20mmのラスモルタルで防火性能を確保できます。12mm厚の木ずりの下地がある場合、総厚は32mm程度。ジョイントやコーキングの入らない大きな面で見せられます。サイディングのようにコーキングの打ち替えはいりませんが、退色したら塗り替えは必要です

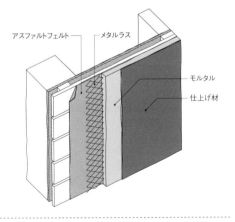

アスファルトフェルト

メタルラス

モルタル

仕上げ材

木材

南京下見張り
（なんきんしたみばり）

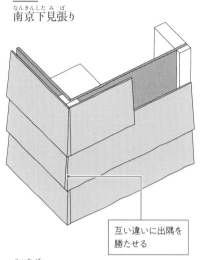

互い違いに出隅を
勝たせる

本実張り
（ほんざねばり）

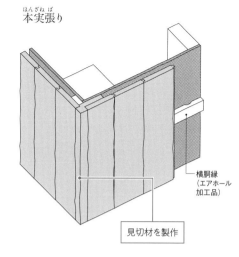

横胴縁
（エアホール
加工品）

見切材を製作

目板張り
（めいたばり）

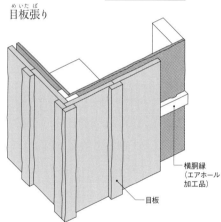

横胴縁
（エアホール
加工品）

目板

構造用面材、断熱材、内装材の組み合わせで防火性能を確保できます。コーキングなしで施工でき、塩害に強いのが特徴。塗装などによって、対候性が上がります。意匠性も高くライフサイクルコストが抑えられることから近年、採用されることが多くなっています

窯業系サイディング

構造用面材との組み合わせで防火が取得でき、内装を選びません。厚みは14～18mm程度。比較的イニシャルコストが安いので、住宅では多用されます。通常、上下のジョイントは嵌合方式だが横ジョイントはコーキングとなり、10年に一回程度のコーキングの打ち換えが必要です。その時は足場費用が必要になることから、ライフサイクルコストからみると、決して安い材料ではありません

素材ごとの通気
方法の違いにも
着目しよう

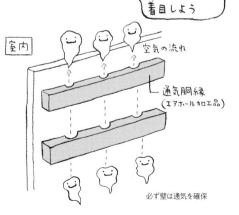

室内

空気の流れ

通気胴縁
（エアホール加工品）

必ず壁は通気を確保

準防火地域でも木の外観に

22条地域の延焼部は「準防火構造」、準防火地域の延焼部は「防火構造」が求められますが、層構成を工夫すれば、木を張ることは可能です。

充填断熱の場合

構造用面材を「ダイライト」（大建工業）や「モイス」（双日建材）に変えるだけなので、非常にお手軽です

ダイライト下地木外壁

外装木材t9以上＋構造用面材（ダイライトt9）＋GW
またはRW t65以上＋PB9.5以上

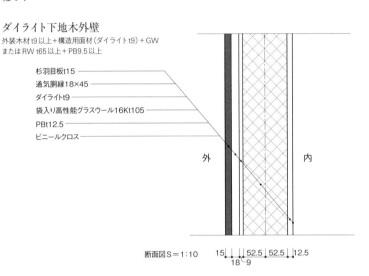

杉羽目板t15
通気胴縁18×45
ダイライトt9
袋入り高性能グラスウール16Kt105
PBt12.5
ビニールクロス

外　　　　内

断面図S＝1:10　　15 52.5 52.5 12.5
18 9

モイス下地木外壁

外装木材t9以上＋構造用面材（モイスt9）＋GWまたはRW t50以上＋PB、合板など

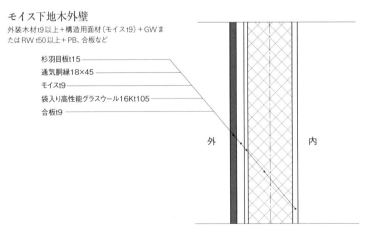

杉羽目板t15
通気胴縁18×45
モイスt9
袋入り高性能グラスウール16Kt105
合板t9

外　　　　内

断面図S＝1:10　　15 52.5 52.5 9
18 9

付加断熱仕様の場合

付加断熱の場合も、木張りの外壁仕上げで防火構造にできます

フェノールフォーム外張り木外壁

外装木材t15〜30＋フェノールフォームt20〜100
外張り＋構造用面材（合板、ダイライトなどt9）＋
内装材PB12.5（充填断熱材指定なし）

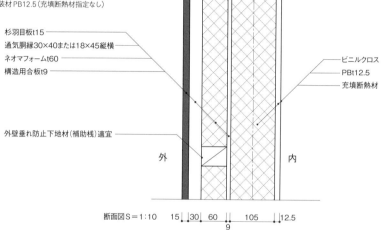

杉羽目板t15
通気胴縁30×40または18×45縦横
ネオマフォームt60
構造用合板t9

外壁垂れ防止下地材（補助桟）適宜

ビニルクロス
PBt12.5
充填断熱材

外　　内

断面図S＝1:10　　15 30 60　105　12.5
9

北総研認定木外壁

外装木材t15〜30＋フェノールフォームt20〜100
外張り＋構造用面材（合板、ダイライトなどt9）＋
充填断熱材GWまたはRW t100以上＋内装材
PB12.5

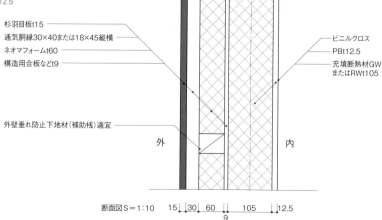

杉羽目板t15
通気胴縁30×40または18×45縦横
ネオマフォームt60
構造用合板などt9

外壁垂れ防止下地材（補助桟）適宜

ビニルクロス
PBt12.5
充填断熱材GW
またはRWt105

外　　内

断面図S＝1:10　　15 30 60　105　12.5
9

壁の付加断熱

105〜120mmの柱の間に充填断熱材を入れただけでは断熱性能が足りない場合、躯体の外側にも断熱材を設置します。この外側の断熱材のことを付加断熱と呼びます。付加断熱を適切な形で設けると、断熱量が増すだけでなく、木材部の熱橋[※]が減って、外壁の断熱性能が向上します。

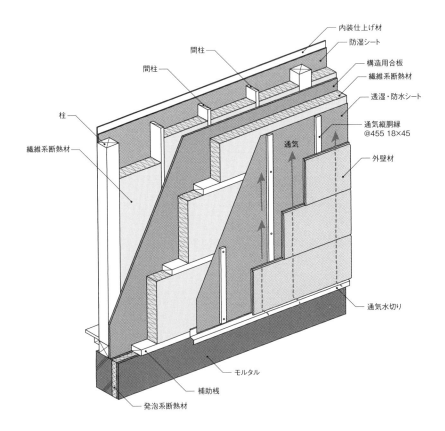

間柱	内装仕上げ材
間柱	防湿シート
柱	構造用合板
繊維系断熱材	繊維系断熱材
	透湿・防水シート
通気	通気縦胴縁 @455 18×45
	外壁材
	通気水切り
モルタル	
補助桟	
発泡系断熱材	

繊維系断熱材の場合

構造用面材の外側に付加断熱部の下地として、45×105程度の間柱材を@455〜905程度で横または縦に打ち付け(外壁が横張りなら横に、縦張りなら縦に打ち付け)その間に高性能グラスウールを充填、透湿防水シートを張って、通気胴縁(付加断熱の下地ピッチで寸法を決定)を流し、外壁を張ります

※ 建物の熱を伝えやすい部分。ヒートブリッジとも呼ばれる

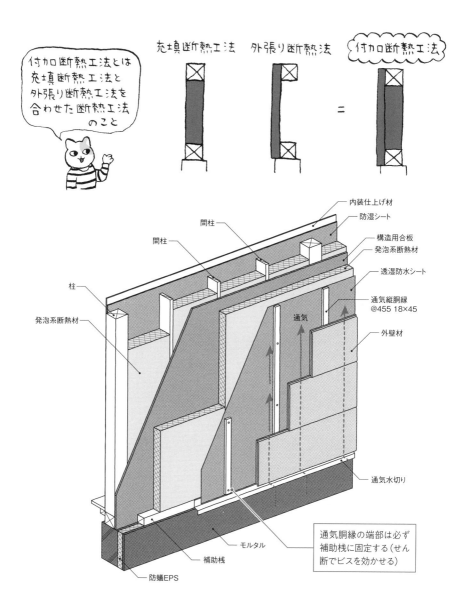

充填断熱工法　外張り断熱工法　付加断熱工法

付加断熱工法とは
充填断熱工法と
外張り断熱工法を
合わせた断熱工法
のこと

内装仕上げ材
防湿シート
構造用合板
発泡系断熱材
透湿防水シート
通気縦胴縁
@455 18×45
外壁材
通気水切り
間柱
間柱
柱
発泡系断熱材
通気
モルタル
補助桟
防蟻EPS

通気胴縁の端部は必ず
補助桟に固定する（せん
断でビスを効かせる）

発泡系断熱材の場合

構造用面材の外側に付加断熱部の下地として、階高程度のピッチで断熱材同厚の補助桟を流
し、その間に発泡系断熱材を充填、透湿防水シートを張って、その上から通気胴縁（外壁が横張
りなら横に、縦張りなら縦に）を外張り断熱専用の太いビスで固定、外壁を張ります

和小屋の充填断熱

通常の和小屋の構成に、30*40の通気垂木を流し、もう1枚野地を張って、野地間を通気層とした断面です。桁の上には垂木同寸の転び止め（面戸）を入れているので、構造上も、気密上も性能を上げやすいです。火打ち梁と勾配天井がからむので、窓際の天井・火打ち梁の取合い部は平天井としました。ベースが和小屋構成で、充填断熱はグラスウールで済むのでコストは比較的抑えられます。

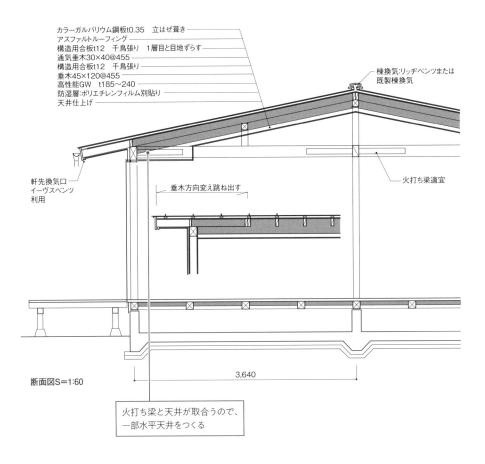

カラーガルバリウム鋼板t0.35　立はぜ葺き
アスファルトルーフィング
構造用合板t12　千鳥張り　1層目と目地ずらす
通気垂木30×40@455
構造用合板t12　千鳥張り
垂木45×120@455
高性能GW　t185〜240
防湿層:ポリエチレンフィルム別貼り
天井仕上げ

棟換気:リッヂベンツまたは
既製棟換気

軒先換気口
イーヴスベンツ
利用

垂木方向変え跳ね出す

火打ち梁適宜

断面図S=1:60

3,640

火打ち梁と天井が取合うので、
一部水平天井をつくる

和小屋充填断熱

最も低コストだが、母屋や垂木を見せられない

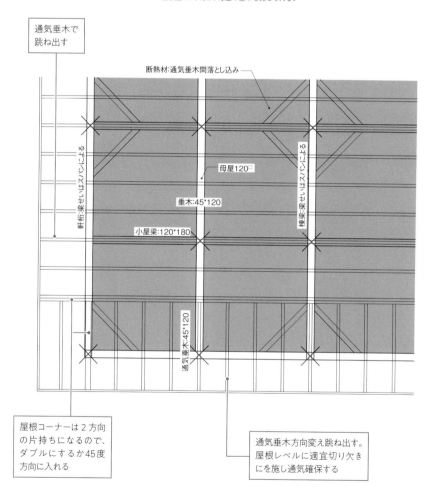

通気垂木で
跳ね出す

断熱材:通気垂木間落とし込み

軒桁梁せいはスパンによる

母屋120□

垂木:45*120

小屋梁:120*180

棟梁梁せいはスパンによる

通気垂木:45*120

屋根コーナーは2方向
の片持ちになるので、
ダブルにするか45度
方向に入れる

通気垂木方向変え跳ね出す。
屋根レベルに適宜切り欠き
にを施し通気確保する

和小屋の外張り断熱

和小屋で屋根を外張り断熱とし、構造体や野地を露しにした断面です。和小屋だと部材点数が多く実際はかなりうるさい架構になることから、母屋間隔を1間にしました。ひねり金物を出したくないので、垂木の固定はタルキックを想定しています。火打ち梁を金属製のロッド形式のものにすれば、幾分スッキリするかもしれません。耐力壁線間距離は2間程度にするのがよいと思います。

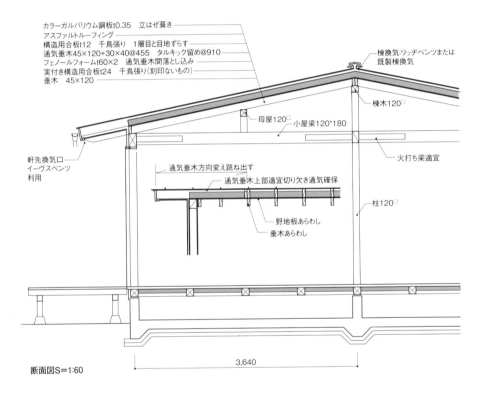

カラーガルバリウム鋼板t0.35　立はぜ葺き
アスファルトルーフィング
構造用合板t12　千鳥張り　1層目と目地ずらす
通気垂木45×120+30×40@455　タルキック留め@910
フェノールフォームt60×2　通気垂木間落とし込み
実付き構造用合板t24　千鳥張り(刻印ないもの)
垂木　45×120

棟換気:リッヂベンツまたは
既製棟換気

棟木120□

母屋120□

小屋梁120*180

火打ち梁適宜

軒先換気口
イーヴスベンツ
利用

柱120□

通気垂木方向変え跳ね出す

通気垂木上部適宜切り欠き通気確保

野地板あらわし

垂木あらわし

3,640

断面図S=1:60

和小屋外張り断熱

断熱を厚く入れにくいが架構を見せられる
金物をきれいに見せるのは難しい

通気垂木で
跳ね出す

断熱材:通気垂木間落とし込み

軒桁:梁せいはスパンによる

母屋120□

垂木:45*120+30*40

小屋梁:120*180

横架:梁せいはスパンによる

通気垂木:45*120+30*40

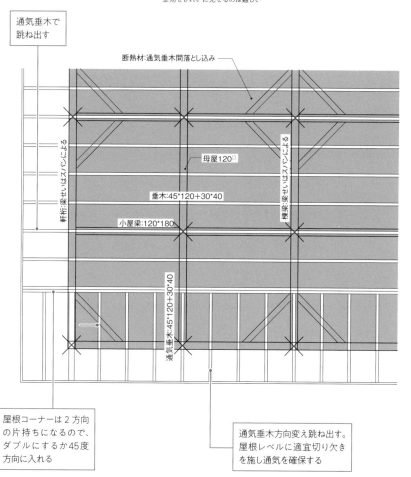

屋根コーナーは2方向
の片持ちになるので、
ダブルにするか45度
方向に入れる

通気垂木方向変え跳ね出す。
屋根レベルに適宜切り欠き
を施し通気を確保する

登り梁の充填断熱

@910ピッチに入れた登り梁間に勾配方向@910でローリングした甲乙梁を入れた断面です。桁や棟木は小返しカットしています。最低でも3倍×cos θ の床倍率が取れるので、耐力壁線間距離が大きくても問題ありません。充填断熱なので、登り梁が見えないのが残念。軒の出は通気垂木で確保しているので、軒ゼロなら通気垂木は30*40、軒が900出るなら45*90にするという具合に、通気垂木のせいで軒の出の量を調整できます。

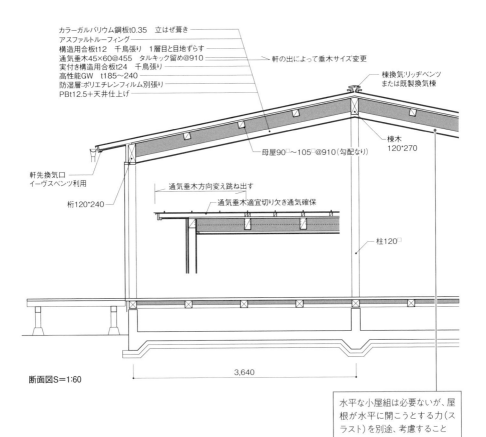

カラーガルバリウム鋼板t0.35　立はぜ葺き
アスファルトルーフィング
構造用合板t12　千鳥張り　1層目と目地ずらす
通気垂木45×60@455　タルキック留め@910
実付き構造用合板t24　千鳥張り
高性能GW　t185〜240
防湿層:ポリエチレンフィルム別張り
PBt12.5＋天井仕上げ

軒の出によって垂木サイズ変更

棟換気:リッヂベンツ
または既製換気棟

母屋90□〜105□@910(勾配なり)

棟木
120*270

軒先換気口
イーヴスベンツ利用

桁120*240

通気垂木方向変え跳ね出す

通気垂木適宜切り欠き通気確保

柱120□

断面図S=1:60

3,640

水平な小屋組は必要ないが、屋根が水平に開こうとする力(スラスト)を別途、考慮すること

登梁充填断熱

断熱を厚く入れられるが登り梁が見せられない
軒の出は通気垂木のせいで調整可能

通気垂木で跳ね出す

軒桁:120*240 小返しカット

登梁:120*180（端部蟻）

通気垂木:45*60

棟梁:120*270小返しカット

母屋90□〜105□

通気垂木:45*60

屋根コーナーは2方向の片持ちになるので、90角など入れて逃げる。または45度方向に材を入れる

通気垂木方向変え跳ね出す。屋根レベル部適宜切り欠き通気確保する

登り梁の外張り断熱

野地を2重にして、2枚の野地の間で外張り断熱と通気層を確保します。屋根剛性は厚物合板の野地板で確保し火打ち梁は入れません。桁や棟木は頂部を斜めにカットして剛床とし、気密性も高めます。軒の出は通気垂木で跳ね出し、けらばの出は通気横垂木で確保します。断熱材は①下図のように垂木間に落とし込む方法②1層目野地上にフェノールフォームなどを敷き込み、透湿防水シートをかけ、通気垂木をのせて曲げ性能のある太いビスで固定する方法[160頁下段参照]があります。

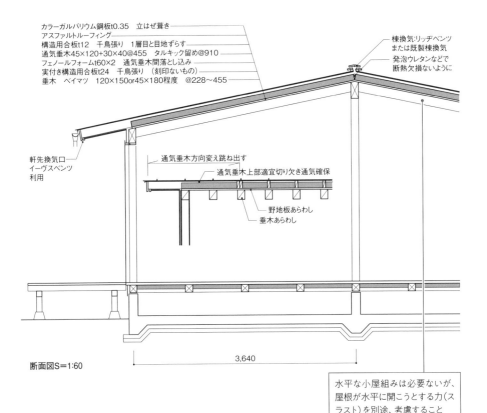

カラーガルバリウム鋼板t0.35　立はぜ葺き
アスファルトルーフィング
構造用合板t12　千鳥張り　1層目と目地ずらす
通気垂木45×120+30×40@455　タルキック留め@910
フェノールフォームt60×2　通気垂木間落とし込み
実付き構造用合板t24　千鳥張り　（刻印ないもの）
垂木　ベイマツ　120×150or45×180程度　@228〜455

棟換気:リッヂベンツ
または既製棟換気
発泡ウレタンなどで
断熱欠損ないように

軒先換気口
イーヴスベンツ
利用

通気垂木方向変え跳ね出す
通気垂木上部適宜切り欠き通気確保
野地板あらわし
垂木あらわし

3,640

断面図S＝1:60

水平な小屋組みは必要ないが、屋根が水平に開こうとする力（スラスト）を別途、考慮すること

登梁外張り断熱

断熱を厚く入れにくいが
最もスッキリ美しい架構を見せられる

通気垂木で跳ね出す

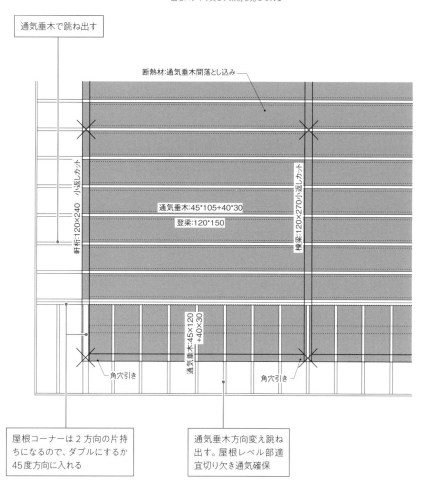

断熱材:通気垂木間落とし込み

軒桁:120X240　小返しカット

通気垂木:45*105+40*30

登梁:120*150

棟梁:120×270小返しカット

通気垂木:45×120
+40×30

角穴引き

角穴引き

屋根コーナーは2方向の片持
ちになるので、ダブルにするか
45度方向に入れる

通気垂木方向変え跳ね
出す。屋根レベル部適
宜切り欠き通気確保

1坪の折り返し階段

2階の床梁を通り心上に入れて、踏み面寸法を240mm程度取る場合、1階から折り返しの回り段までは4枚の段板が入れられますが、折り返し部の回り段から2階までは3枚の段板しか入りません。したがって、回り段が4枚なら、4+4+3＝11枚で12段で2階まで上がらないといけない計算になります。蹴上げ210mmなら階高は2,520mmとなります。なので、これ以上の階高を取るなら、回り段は5段にするか、2階の梁をずらすなどして対応します。

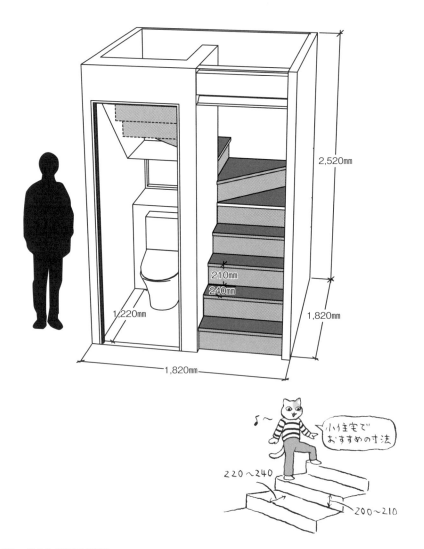

小住宅で
おすすめの寸法

220〜240

200〜210

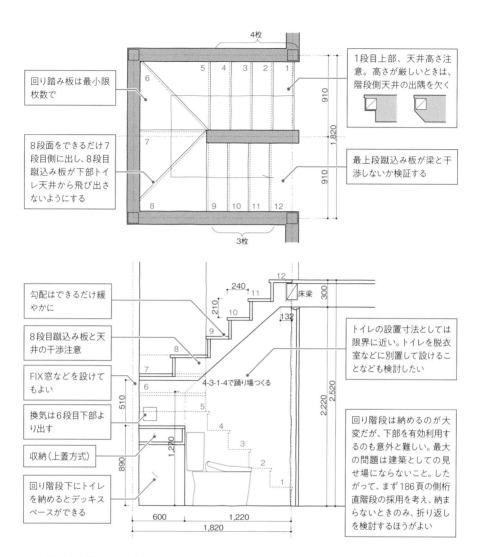

回り踏み板は最小限枚数で

8段面をできるだけ7段目側に出し、8段目蹴込み板が下部トイレ天井から飛び出さないようにする

1段目上部、天井高さ注意。高さが厳しいときは、階段側天井の出隅を欠く

最上段蹴込み板が梁と干渉しないか検証する

4枚

910

1,820

910

3枚

勾配はできるだけ緩やかに

8段目蹴込み板と天井の干渉注意

FIX窓などを設けてもよい

換気は6段目下部より出す

収納（上蓋方式）

回り階段下にトイレを納めるとデッキスペースができる

4-3-1-4で踊り場つくる

トイレの設置寸法としては限界に近い。トイレを脱衣室などに別置して設けることなども検討したい

回り階段は納めるのが大変だが、下部を有効利用するのも意外と難しい。最大の問題は建築としての見せ場にならないこと。したがって、まず186頁の側桁直階段の採用を考え、納まらないときのみ、折り返しを検討するほうがよい

240

210

132

床梁

300

2,220

2,520

510

890

1,270

600

1,220

1,820

階段を13段にする方法

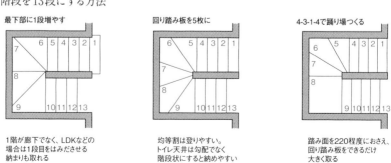

最下部に1段増やす

1階が廊下でなく、LDKなどの場合は1目をはみださせる納まりも取れる

回り踏み板を5枚に

均等割は登りやすい。トイレ天井は勾配でなく階段状にすると納めやすい

4-3-1-4で踊り場つくる

踏み面を220程度におさえ、回り踏み板をできるだけ大きく取る

側桁階段は木造住宅の基本

2つの側桁で段板を支えるスケルトンの側桁階段は、木造住宅の基本となる階段です。段板は30〜35mm厚程度、側桁は厚み35〜40mm厚程度、各段は20〜30mm程度の重ねを取ります。側桁と段板は大入れの仕口になるので、段板から斜め方向に上下それぞれ20〜30mm程度とって、側桁の寸法を決定します。作図する時は、側桁が梁にきちんとかかるように、最上段段鼻を通り心から110mm程度とってそこから描き始めるとよいでしょう。手摺は段鼻から800mm程度の位置に来るように高さを決めますが、吹抜け周りは800mmではやや低いので、900〜1,100mmにするとよいでしょう。

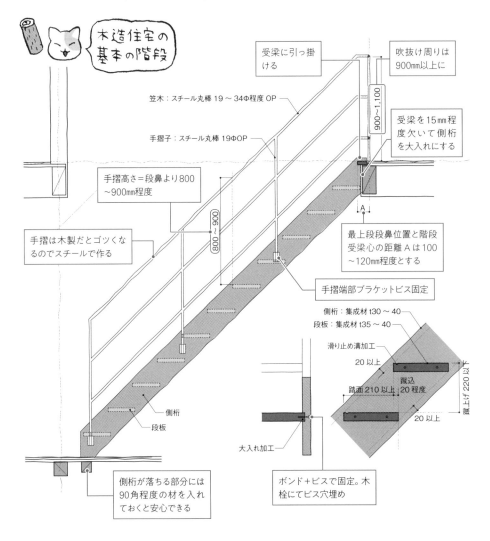

木造住宅の基本の階段

受梁に引っ掛ける

吹抜け周りは900mm以上に

笠木：スチール丸棒 19 〜 34Φ程度 OP

900〜1,100

受梁を15mm程度欠いて側桁を大入れにする

手摺子：スチール丸棒 19ΦOP

手摺高さ＝段鼻より800〜900mm程度

800 〜 900

手摺は木製だとゴツくなるのでスチールで作る

最上段段鼻位置と階段受梁心の距離Aは100〜120mm程度とする

手摺端部ブラケットビス固定

側桁：集成材 t30 〜 40
段板：集成材 t35 〜 40

滑り止め溝加工

20以上

蹴込
20程度

踏面 210 以上

蹴上げ 220 以下

20以上

側桁

段板

大入れ加工

側桁が落ちる部分には90角程度の材を入れておくと安心できる

ボンド＋ビスで固定。木栓にてビス穴埋め

力桁階段は受梁がポイント

段板を下から支える力桁階段は、力桁が最も細くなる部分で150mm程度の梁せいを取れば安全です。最上段段鼻位置は力桁の受梁の面から、1段分前に出すと、受梁に力桁をうまく掛けられます。受梁の梁せいは力桁がこぼれず、かつ受梁に蟻や大入れなどでかけられるように、ある程度大きくしておく必要があります。

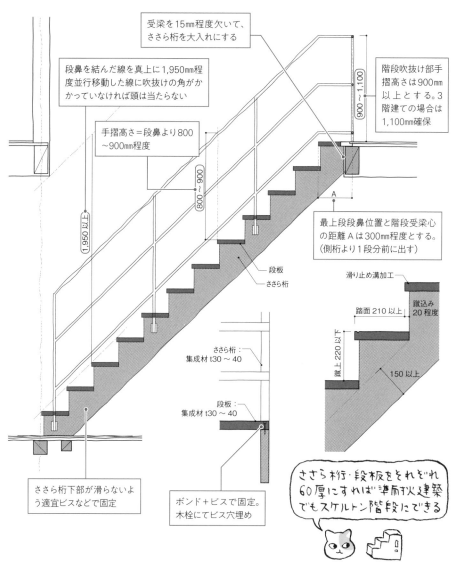

受梁を15mm程度欠いて、ささら桁を大入れにする

段鼻を結んだ線を真上に1,950mm程度並行移動した線に吹抜けの角がかかっていなければ頭は当たらない

手摺高さ＝段鼻より800〜900mm程度

900〜900

1,950以上

階段吹抜け部手摺高さは900mm以上とする。3階建ての場合は1,100mm確保

900〜1,100

A

最上段段鼻位置と階段受梁心の距離Aは300mm程度とする。（側桁より1段分前に出す）

段板

ささら桁

ささら桁：集成材 t30〜40

段板：集成材 t30〜40

ささら桁下部が滑らないよう適宜ビスなどで固定

ボンド＋ビスで固定。木栓にてビス穴埋め

滑り止め溝加工

踏面 210 以上

蹴込み20 程度

蹴上 220 以下

150 以上

ささら桁・段板をそれぞれ60厚にすれば準耐火建築でもスケルトン階段にできる

内部開き戸の描き方

壁ちり（壁から出っ張る見込み寸法）を10mmとすると、開き戸は（20〜30厚）×（壁厚＋20）の枠材に、見込み20〜30mm程度、見付15mm程度の戸当たりが付く平面断面になります。扉は厚み30〜36mm程度で表面合板のフラッシュ構造です。

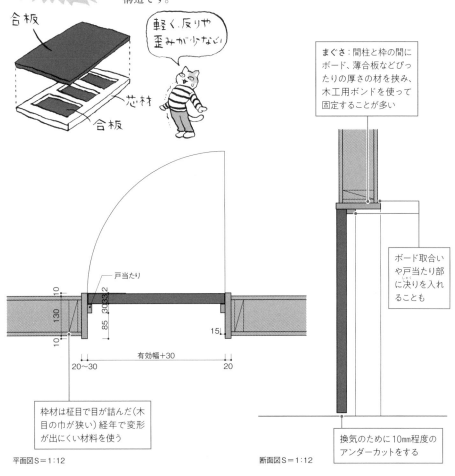

フラッシュ構造

合板

芯材

合板

軽く、反りや歪みが少ない

まぐさ：間柱と枠の間にボード、薄合板などぴったりの厚さの材を挟み、木工用ボンドを使って固定することが多い

ボード取合いや戸当たり部に決りを入れることも

戸当たり

130

10 10

85 30 33 2

15

有効幅＋30

20〜30   20

枠材は柾目で目が詰んだ（木目の巾が狭い）経年で変形が出にくい材料を使う

平面図S＝1:12

換気のために10mm程度のアンダーカットをする

断面図S＝1:12

開き戸の名称

材の見付、見込、ちりといういう用語を知っていると、電話でもその位置を伝えられます。戸先、戸尻という用語もよく使います

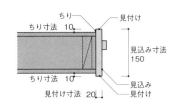

ちり

ちり寸法 10

見付け

見込み寸法
150

ちり寸法 10

見付け

見込み

見付け

見付け寸法 20

見込み

玄関ドアは気密が重要

木製で製作する場合、玄関ドアも枠+戸当たりという構成は変わりませんが、外部の開口となるので気密性が要求されます。戸当たり部分にゴムや樹脂のパッキンを廻し、全閉すると下に降りてくる下枠用パッキンを使うなどして対応します。外部に面しかつ大型になることから枠の見付寸法は30mm程度とるようにします。下図は既製品の木製ドアの納まり例です。

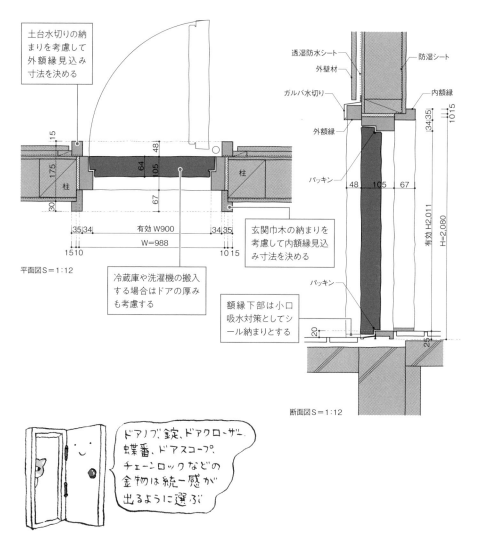

土台水切りの納まりを考慮して外額縁見込み寸法を決める

透湿防水シート
外壁材
ガルバ水切り
外額縁
パッキン

防湿シート
内額縁

平面図S＝1:12

玄関巾木の納まりを考慮して内額縁見込み寸法を決める

冷蔵庫や洗濯機の搬入する場合はドアの厚みも考慮する

有効 W900
W=988
1510
1015
35 34
34 35

パッキン

額縁下部は小口吸水対策としてシール納まりとする

断面図S＝1:12

有効H2,011
H=2,080

ドアノブ、錠、ドアクローザー、蝶番、ドアスコープ、チェーンロックなどの金物は統一感が出るように選ぶ

引戸4種類の標準納まり

引戸は、ドアの軌跡と動線が干渉することもないし、開けっ放しにできるので、住宅向きの建具といえます。使用する部位で、片引き戸、引込み戸、アウトセット戸の3種類を使い分けます。3種とも上吊り式、Vレール式にできますが、上吊りの方が音が静かで、ソフトクローズなどに対応しやすいため、できる限り上吊りとしたほうがよいでしょう。ただし多枚建ての場合はVレールが原則となります。

片引き戸（上吊）

片引き戸は露出しているので、メンテナンスや掃除が楽です

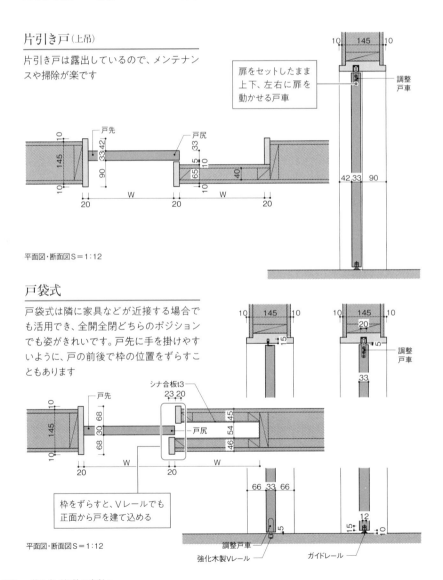

扉をセットしたまま上下、左右に扉を動かせる戸車

調整戸車

戸先

戸尻

平面図・断面図S＝1:12

戸袋式

戸袋式は隣に家具などが近接する場合でも活用でき、全開全閉どちらのポジションでも姿がきれいです。戸先に手を掛けやすいように、戸の前後で枠の位置をずらすこともあります

シナ合板t3

戸先

戸尻

調整戸車

枠をずらすと、Vレールでも正面から戸を建て込める

平面図・断面図S＝1:12

調整戸車

強化木製Vレール

ガイドレール

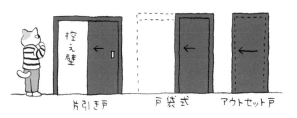

控え壁　片引き戸　戸袋式　アウトセット戸

アウトセット戸

アウトセット戸は、耐力壁や柱がある部分で引戸にしたい時に採用します

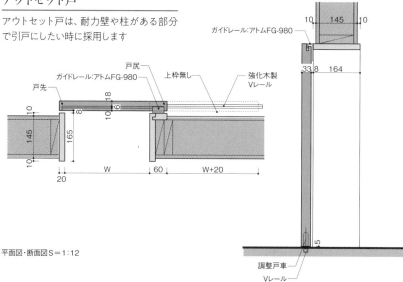

ガイドレール:アトムFG-980

10　145　10

33.8　164

戸尻
ガイドレール:アトムFG-980　上枠無し　強化木製Vレール

戸先

10　18
8　10　6

10
145
165

10

20　W　60　W+20

5

調整戸車

Vレール

平面図・断面図 S＝1:12

多枚建引戸

多枚建てのときは振れ止めを入れにくいので、下はVレール、上はスリット溝にするとスッキリ納まります

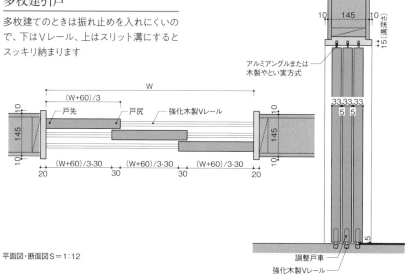

10　145　10
15(溝深さ)

アルミアングルまたは木製やとい実方式

33 33 33
5　5

W

(W+60)/3

10
戸先　戸尻　強化木製Vレール
10
145　145

10
20　(W+60)/3-30　30　(W+60)/3-30　30　(W+60)/3-30　20

5

調整戸車

強化木製Vレール

平面図・断面図 S＝1:12

デッキは交換可能に

屋外に設置するデッキ材は腐りやすいので、室内の床下の材とは縁を切り、交換可能な形にします。また複雑な仕口は水が溜まりやすいので、原則として突付けで納めます。

1 束石を施工し、大引を並べる

束石またはコンクリートのベタ基礎を施工した後、束（木製、プラスチック製、金属製がある）を配置、束上に大引を一定ピッチに並べます

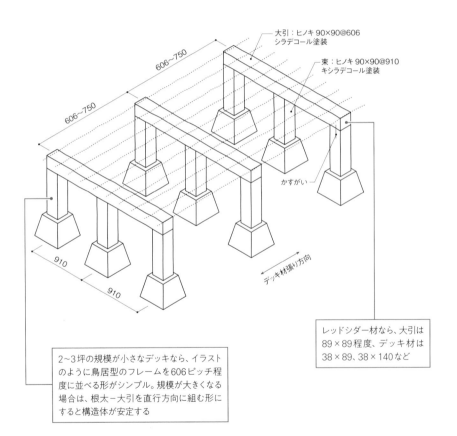

大引：ヒノキ90×90@606
シラデコール塗装

束：ヒノキ90×90@910
キシラデコール塗装

606～750

606～750

かすがい

910

910

デッキ材張り方向

レッドシダー材なら、大引は89×89程度、デッキ材は38×89、38×140など

2～3坪の規模が小さなデッキなら、イラストのように鳥居型のフレームを606ピッチ程度に並べる形がシンプル。規模が大きくなる場合は、根太－大引を直行方向に組む形にすると構造体が安定する

2 大引と直交方向にデッキ材を張る

大引と直行方向にデッキ材を角ビットのビスなどで固定します。デッキ材の厚みはヒノキで通常30mm程度、レッドシダーで38mm程度、ウリン、ジャラ、セランガンバツなどで20mm程度です

束石を設ける場合

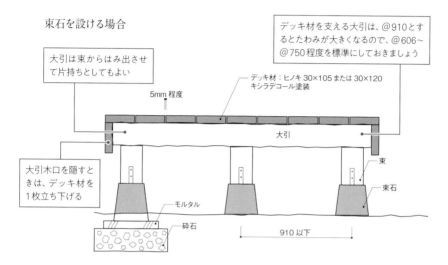

デッキ材を支える大引は、@910とするとたわみが大きくなるので、@606〜@750程度を標準にしておきましょう

大引は束からはみ出させて片持ちとしてもよい

デッキ材：ヒノキ 30×105 または 30×120 キシラデコール塗装

5mm 程度

大引

大引木口を隠すときは、デッキ材を1枚立ち下げる

束

束石

モルタル

砕石

910 以下

コンクリートのベタ基礎を設ける場合

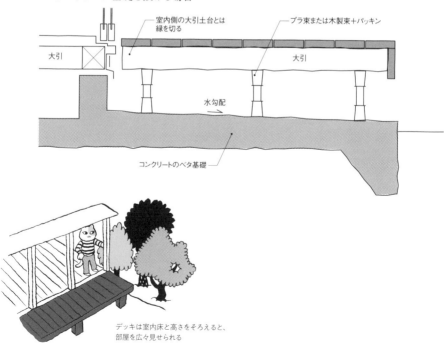

室内側の大引土台とは縁を切る

プラ束または木製束＋パッキン

大引

大引

水勾配

コンクリートのベタ基礎

デッキは室内床と高さをそろえると、部屋を広々見せられる

玄関とGLの差は階段3段分

基礎高を地面から400mm以上に設定すると、1階の床高は、最低でも580mm程度になります。したがって玄関周りには階段3段分の高低差処理が必要です。玄関ポーチで2段分、玄関上がり框で1段分とるケースが最も一般的です。

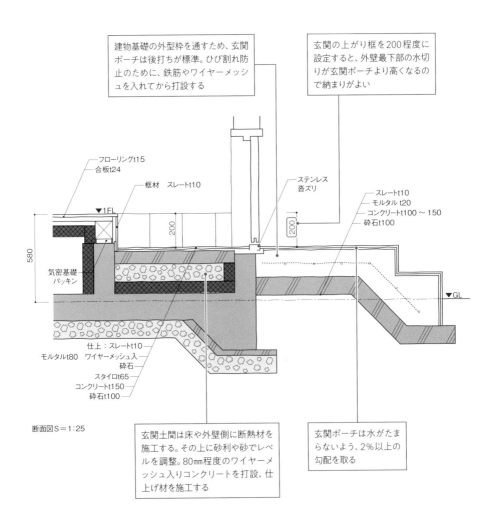

建物基礎の外型枠を通すため、玄関ポーチは後打ちが標準。ひび割れ防止のために、鉄筋やワイヤーメッシュを入れてから打設する

玄関の上がり框を200程度に設定すると、外壁最下部の水切りが玄関ポーチより高くなるので納まりがよい

フローリングt15
合板t24
框材　スレートt10
ステンレス沓ズリ
スレートt10
モルタル t20
コンクリートt100〜150
砕石t100

▼1FL
200
580
気密基礎パッキン
200
▼GL

仕上：スレートt10
モルタルt80　ワイヤーメッシュ入
砕石
スタイロt65
コンクリートt150
砕石t100

断面図S＝1：25

玄関土間は床や外壁側に断熱材を施工する。その上に砂利や砂でレベルを調整。80mm程度のワイヤーメッシュ入りコンクリートを打設、仕上げ材を施工する

玄関ポーチは水がたまらないよう、2%以上の勾配を取る

ベタ基礎の高さは300mm以上

ベタ基礎の地面から基礎上端までの高さは、長期優良住宅、フラット35などに合致させる場合は400mm、瑕疵保険でも300mmが必要です。立上りの厚みは鉄筋のかぶりを考慮して150mmを標準とします。外周部の立下りは、鋼製枠の寸法(700〜750mm程度)を考慮すると、GL-250mm程度となります。

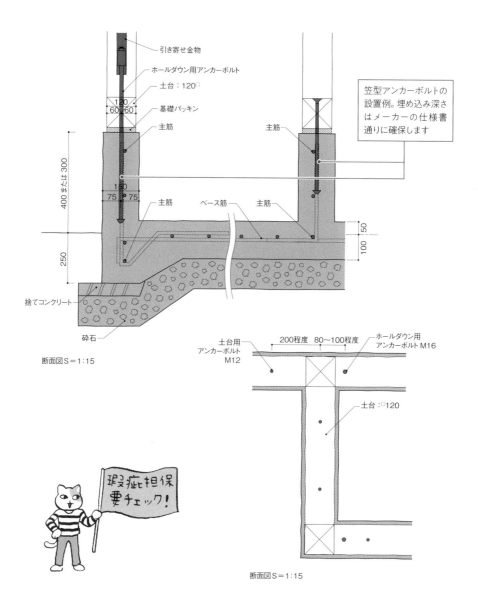

引き寄せ金物

ホールダウン用アンカーボルト

土台：120□

基礎パッキン

主筋

120
60×60

笠型アンカーボルトの設置例。埋め込み深さはメーカーの仕様書通りに確保します

主筋

主筋

ベース筋

主筋

400または300

150
75 75

250

50

100

捨てコンクリート

砕石

断面図S＝1:15

瑕疵担保
要チェック！

土台用
アンカーボルト
M12

200程度　80〜100程度

ホールダウン用
アンカーボルト M16

土台：□120

断面図S＝1:15

第6章
間取らない間取り

できるだけ「間取らない」のが間取りのテーマ

今まで書いてきた方法をとれば、間取り図を描く前に「がらんどう」の「スケルトン」
はできています。最小限の間仕切りでプライバシーを確保できれば、すぐに住む
ことが可能です。したがって、間取りづくりのテーマは、「外部とのつながり」と「が
らんどうの広がり」をできる限り維持することです。つまり「できる限り間仕切らな
いこと」にほかなりません。間仕切りを最小限におさえ、「抜け」や「回遊動線」で
広がりをつくり、「たまり」となる人の居場所を確保すれば、生活のあらゆるシーン
に対応できる魅力的な家になるはずです。

よい間取りは線が少ない

私は「間取り図は無駄な線が少なく、すっきり単純なほどよい」と考えています。平面は単純でも、断面で変化をつければ豊かな空間はつくれるからです。単純であれば、コストも断熱も有利になります。

すっきり単純をめざす

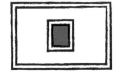

水廻りや収納はコア状にまとめる

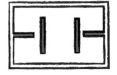

固定の間仕切り壁は最小限に

総2階、真四角で水廻りを積層した住宅

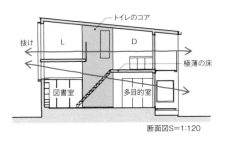

断面図S=1:120

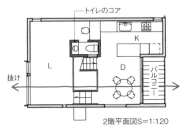

2階平面図S=1:120

間仕切りらしい間仕切りは中央のトイレのコアの部分しかなく、引戸を開ければ完全なワンルームとなります。しかし断面を見ると、極限まで薄くした床がスキップし、南北の大窓方向に視線が抜ける開放感のある家になっています

1階平面図S=1:120

間取りは立体で考える

間取りづくりで一番大事なことは間取りを立体で考えることです。前章までの作業で家の外形やざっくりとした架構はすでにイメージもできているはずです。この3次元の空間をいかにうまく使っていくかが皆さんに課せられたミッションです。

平面ナナメより断面ナナメ

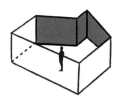

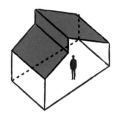

微妙な角度だと目が直角に補正してしまうので、斜めの壁を効果的に使えません。間取りの自由度が低く、家具を配置できる場所が限られます

天井の高さが変わるし、窓を設ければ光を演出できます。間取りの自由度が高く、どこにでも家具を配置できます

小屋裏までフルに使う

断面図S=1:120

3次元空間をいかにうまく使うか、が腕の見せどころ

1階平面図S=1:120

極端に単純な平面ですが、断面はスキップする床と3つの勾配の異なる屋根が変化に富んだ空間を生み出しています。「平面は単純、断面は豊か」というのはよい建築の1つの目標です

構造と間取りの整合をとるには

78頁で解説した「大黒柱を設けた架構」にしておけば、構造で必要になる壁は最小限になります。家の中央部に立つ大黒柱と、最小限の間仕切りを手掛かりに間取り決めていけば、構造と間取りは整合のとれたものになります。

屋根を受ける中柱を意識する

切妻なら棟木を支える柱を意識してプランニングします

構造と間取りは仲よく!

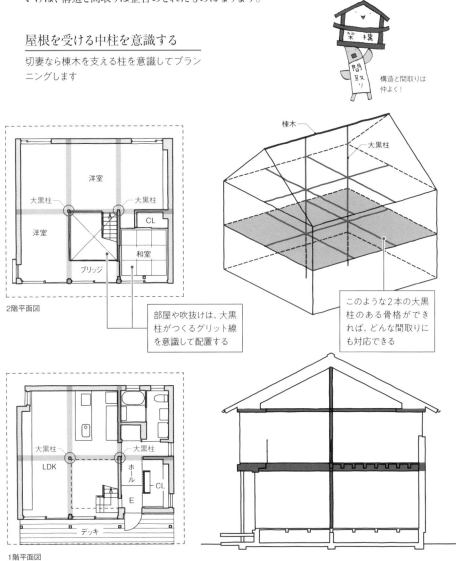

2階平面図

部屋や吹抜けは、大黒柱がつくるグリット線を意識して配置する

このような2本の大黒柱のある骨格ができれば、どんな間取りにも対応できる

1階平面図

同じ大きさの部屋をグループ化

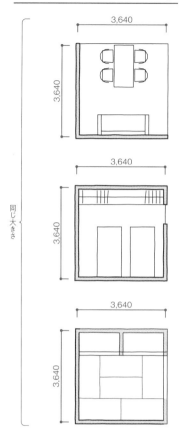

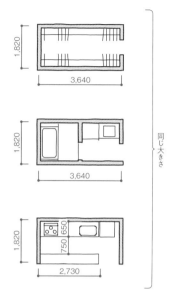

リビングと主寝室、キッチンと浴室脱衣、子ども室とダイニングのように同じサイズの部屋を把握してそれを上下に積むようにします

上下階の間取りを似せる

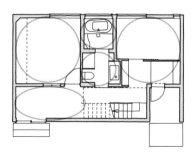

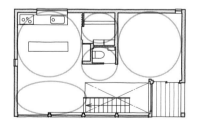

各階の間取りが異なっても施工は可能ですが、規模のそろった部屋を上下に重ね、壁や柱の位置を一致させる（＝構造区画を一致させる）と、耐震性の高い無駄のない架構になります

絶対描いてはいけない間取り

マンションのような長い廊下がある住宅はNGです(1)。南リビングで玄関位置を南側中央に配置するのは好ましくありません(2)。最近は、シュークローク、食品庫などを備えた家事楽間取りの要望に応えるために、リビングやダイニングに十分な広さを確保できていない家が増えています(3)。

1 動線のNG「諸悪の根源　中廊下間取り」

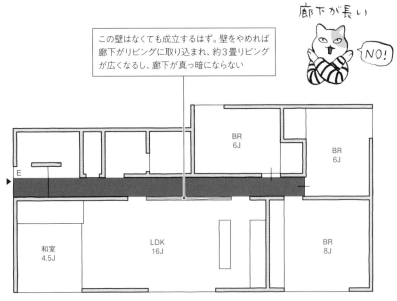

この壁はなくても成立するはず。壁をやめれば廊下がリビングに取り込まれ、約3畳リビングが広くなるし、廊下が真っ暗にならない

廊下が長い

NO!

BR
6J

BR
6J

E

和室
4.5J

LDK
16J

BR
8J

1階平面図S＝1:150

上の図は、30坪の平屋ですが、玄関から伸びる廊下にすべての居室が面する中廊下タイプ。マンションの間取りと同じです。長い長い廊下は移動にしか使えませんから、単なる面積の無駄でしかありません。「中廊下は最長でも2間」まで、と覚えておいてください。高断熱住宅では、廊下がないワンルームがおすすめです

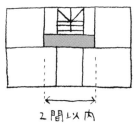

2間以内

2 玄関位置のNG「南入りリビング和室分断間取り」

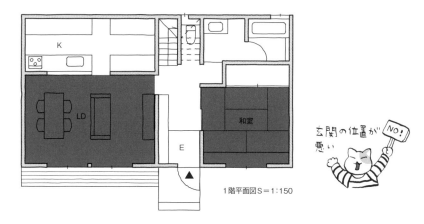

1階平面図S＝1:150

道路付が南の場合、南中央に玄関をとると、南のゾーンが「こじんまりとしたリビング」と「和室」という具合に2つに分断され、パブリックスペースが狭くなってしまいます

3 面積配分のNG「家事楽だけどマンション並の狭々間取り

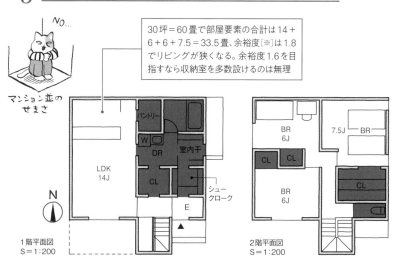

30坪＝60畳で部屋要素の合計は14＋6＋6＋7.5＝33.5畳、余裕度[※]は1.8でリビングが狭くなる。余裕度1.6を目指すなら収納室を多数設けるのは無理

1階平面図 S＝1:200

2階平面図 S＝1:200

収納たっぷりの家事楽間取りの例です。1階は非居室部分が半分以上を占め、メイン空間であるLDKは14畳しか確保できていません。ほかの居室も、部屋のサイズはマンション並。戸建てのよさがちっとも出ていません。こういった各種収納室がほしいなら、少なくともその部屋の分、家の規模を大きくするする必要があります

※ 余裕度＝家全体の畳数÷(LDK畳数＋居室合計畳数)。余裕度1.6がベスト

ゾーニングは表裏を意識する

住宅には、水廻り、収納、個室など用途がはっきり決まっている「ウラ」の部屋と、リビング、ダイニングなど、飲食や団らんなどに多目的に使う「オモテ」の部屋があります。通常、ウラは壁が多い小割の部屋となるため、家の裏側にまとめて設けるのが鉄則です。またオモテの空間は、遠くまで見通せるようにできるだけ長手方向に設けます。

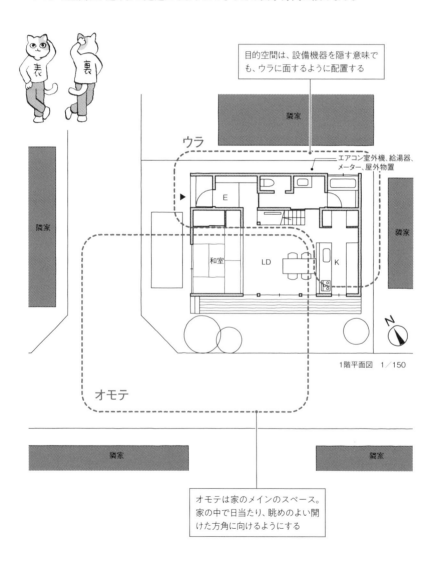

目的空間は、設備機器を隠す意味でも、ウラに面するように配置する

ウラ

エアコン室外機、給湯器、メーター、屋外物置

1階平面図　1／150

オモテ

オモテは家のメインのスペース。家の中で日当たり、眺めのよい開けた方角に向けるようにする

オモテは見通しを意識する

オモテの空間をゾーニングする時は、「見通し」を必ず意識してください。小さな家でも見通しが確保されていれば、家は広々見えるからです。端から端まで見通せるオモテの空間が動線空間を兼ねれば、無駄な廊下も発生しません。

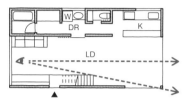

長方形平面ならオモテとウラはあえて短辺方向を分割してゾーニング。距離の稼げる長手方向にオモテの空間をゾーニングして見通しを確保します

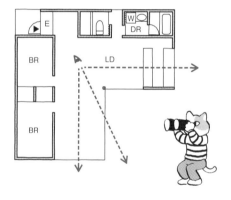

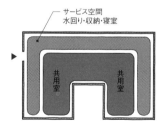

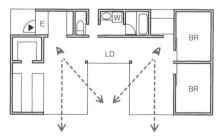

Lの字、コの字平面なら、中庭に視線が抜けるように、ウラの空間は外側に、オモテの空間は内側になるように設けます

玄関と階段は家の中央に置く

本書は外観から形を決めることを推奨しています。そのため面積の無駄を省かないと、所定のシルエットに間取りを納めることができません。動線を家の中央に集めると、無駄な廊下が発生せず家がコンパクトになるので、玄関と階段は家の中央に置きましょう。一階リビングの場合は、リビング・ダイニングが廊下代わりになるので、玄関は端部でも問題ありません。ただし、玄関から階段までのルートは人の居場所を経由しないようにしておきます。

廊下を減らすには階段と玄関を中央に

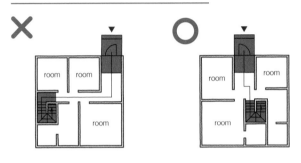

2階リビングの間取りです。玄関と階段はできるだけ近づけ、家の中央に配置すると廊下を最小限に抑えられます

側面の真ん中で入ると1階に部屋を増やせることも

道路側の正面から
家に入る間取り

アプローチを長くして
側面から入る間取り

間口の狭い家で、玄関の位置を道路側正面から側面に変えたら、大きなクロゼットが1部屋増えました

ただし玄関は一等地をはずす

玄関と階段は中央に置くのが大原則ですが、アクセス方向によって、玄関の理想的な位置は変わってきます。

オモテ中央玄関はNG

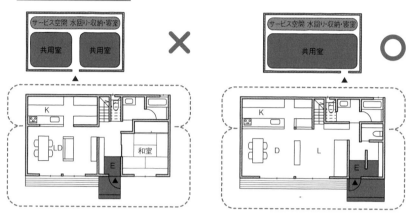

道路付けが南で、日当たりのよい南側の庭に面してオモテが確保できるようなケースでは、「玄関はあえて片寄せさせる」のがよいでしょう。玄関を中央に設けるとLDKが2つに分断されてしまい家が狭くなってしまうからです

ウラゾーン中央、オモテウラ境目入口は可能性あり

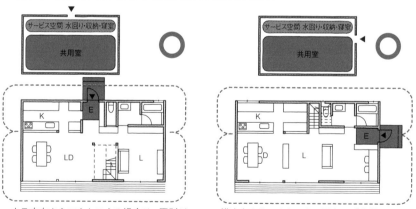

ウラ方向からアクセスする場合は、原則どおり「玄関は中央に置く」ということで全く問題ありません

横方向からアクセスする場合は、「玄関はオモテとウラの境目付近に置く」のがよいでしょう。オモテとウラのどちらに寄っても構いません（図は境目オモテ側に玄関を設けたケース）

クローバー型とフジ型動線

玄関と階段を中央に置くと動線は自然とクローバー型になります。この時、部屋が4つなら、4つ葉のクローバーとなります。この反対のパターンは、マンションのように、長い廊下で各室がつながるフジ型の動線です。フジ型の間取りは面積的な無駄が多く、家が廊下によって分断されるため家が狭くなります。

クローバー型
動線が1点に集まる

フジ型
動線が長い

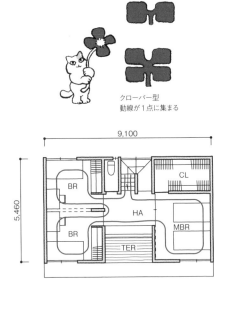

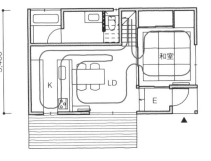

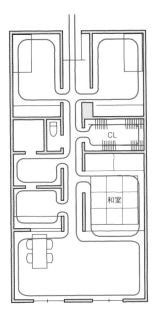

クローバー型の動線なら各室が広くとれ、間取りはワンルームに近づけられます

フジ型の間取りは面積的な無駄が多く、家が廊下によって分断されるため家が狭くなります

クローバーは2階から描く

間取りを描く時ほとんどの人は、家の中でいちばん大事なリビングのある階から描き始めると思いますが、制約の多い寝室階から描いたほうがうまい間取りが描けます。2階リビングなら1階から描き始めるとよいと思います。

step1 玄関と階段は中央に配置

まずは、ゾーニングの方針を決めていきます。水廻りや収納を北側に固め、南に居室をまとめる一般的なゾーニングを採用。階段はセオリー通り中央に配置します。玄関も同じく中央に設ければ、廊下を減らせるので、居室を分断しないよう、裏表のゾーンの中間になる西側からのアクセスにしてみました

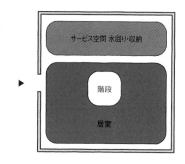

step2 寝室階のクローバーを先に

ゾーニングが決まったら、寝室がある2階を先に考えます。部屋の多い2階の廊下を最少にすると、階段の位置・形状が自動的に決まってくることが多いからです（2階リビングの場合は1階を先に整理）。2階の廊下を最少にするには、2階中央に直階段を設けるのがよさそうです。これなら4室つくれそうですが、ここでは3室とし、残りの一角は吹抜けに。これで、三つ葉のクローバーの動線が描けました

step3 メインフロアもクローバー

階段の配置が決まったので、今度は1階を考えます。最初に決めたゾーニングと玄関の位置を踏まえると、吹抜けの下部はリビングに、玄関南は和室で利用できそうです。間仕切りの位置を調整して、動線をなぞると1階も三つ葉のクローバーが描けました（クローバー動線をつくる時、動線としても使えるリビング・ダイニングだけは、そこからさらに葉がでても構いません）

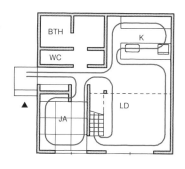

「抜け」で広がり感を演出

見通しを生かしたゾーニングをとれば、室内にはすでに端から端まで見通せる部分ができているはずです。その視線をさらに外部のオープンスペースまで延長させましょう。このようにしてできる視線の「抜け」があれば、床面積以上の広がりが感じられます。

抜けは1方向とは限らない

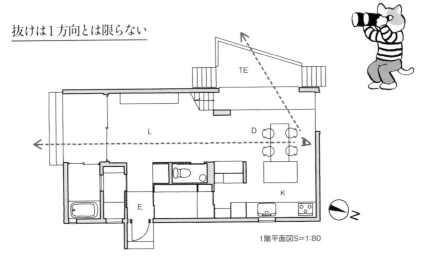

1階平面図S＝1:80

抜けは1方向とは限りません。さまざまな方向に抜けがあれば、家は更に広く感じます。一方向に抜けがつくれたら、直行方向や対角線方向にも抜けがつくれないか考えてみてください

あえて死角をつくる

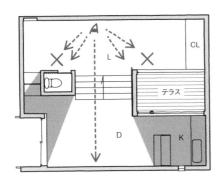

大きく抜けをつくりつつ、あえて家の中央に見通しを阻害する要素をおいて、死角をつくるのも有効な方法です。家中がいっぺんに見渡せなくはなりますが、「見えない奥」をつくることでより広さを感じさせる事ができます

「たまり」があると落ち着く

視線の抜けで空間を広々とさせることが出来たら、次は人の居場所をつくることを積極的に考えましょう。効率的な動線にこだわる人は多いですが、移動している時間より、佇んでいる時間のほうが遥かに長いのですから、間取りを考える時は「動線」より、人が佇める「たまり」に注目して計画したほうがよいのです。

たまりとは佇める場所のこと

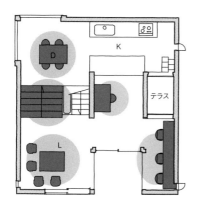

壁で囲む、家具を置く、床に高低差をつけるといった方法で、ゆっくり佇める人の居場所をつくりましょう。ダイニングとリビングをつなぐ幅の広い階段も、一種のたまりになります

たまりの楽しみ方は自由自在

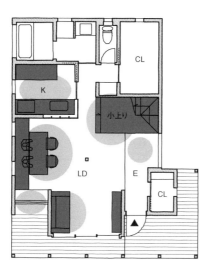

「たまり」のバリエーションが多いほど、自由な活動が可能になります。食卓テーブル、ソファーコーナーだけでなく、窓際の書斎テーブル、小上がり、ブース状キッチン、土間、という具合に、LDKの中にも家族が思い思いに楽しめる、複数のたまりを用意しましょう

押さえておきたい高さ寸法

高さ寸法も人体寸法の意識が必要です。座りやすい椅子の高さは400mm程度、調理片付けがしやすいキッチンカウンターの高さは850～900mmです。高さ寸法は平面寸法より体格差の影響が大きいので、使う人の体格を考えて、高さ寸法を微調整したほうがよいでしょう。

日本人の成人男女の平均身長

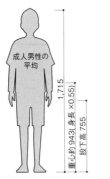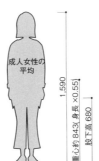

成人男性の平均 1,715 重心約943(身長×0.55) 股下高755

成人女性の平均 1,590 重心約843(身長×0.55) 股下高680

現代の日本人の平均身長は、男性1,715mm、女性1,590mmです。これを基準に、寸法を考えていきます。重心は、立って作業しやすい高さです。身長に0.55を乗じて求めます

使いやすい棚の高さ

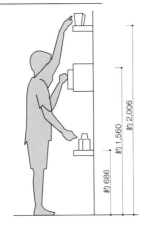

約2,006 約1,560 約686

使いやすい棚の高さは、身長×0.40で求められ、約686mm。引出しの高さの上限は身長×0.91で求められ、1,560mm。小さくて軽いものであれば、身長より高くてもよく身長×1.17で2,006mmにできます

作業しやすいキッチンの作業台の高さ

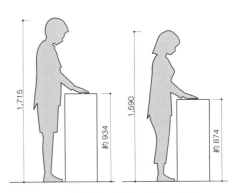

1,715 約934

1,590 約874

キッチンの作業台は身長×0.55で求められ、成人男性で934mm、成人女性で874mmとなります

※出典：『一生使えるサイズ辞典 住宅のリアル寸法』建築知識編／エクスナレッジ

昇降しやすい階段の寸法

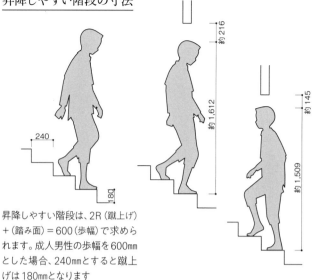

昇降しやすい階段は、2R（蹴上げ）＋（踏み面）＝600（歩幅）で求められます。成人男性の歩幅を600mmとした場合、240mmとすると蹴上げは180mmとなります

階段移動時の頭頂部の高さは、勾配が35°の場合で降りは身長×0.94程度、昇りは身長×0.88程度。勾配45°の場合で降りは身長×0.91程度、昇りは身長×0.74程度。成人男性の場合、昇りで約145mm、降りで約216mm必要

使いやすいクロゼットの高さ

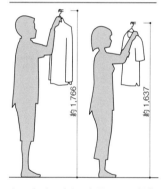

クロゼットの高さは身長×1.03程度に設定します。成人男性は1,766mm、成人女性は1,637mm

使いやすい洗面台の高さ

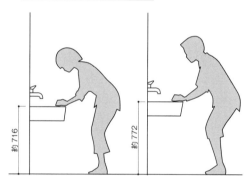

洗面台の高さは、身長×0.45で求めます。成人女性は約715mm、成人男性は約772mm

デスクワークしやすい机と椅子の高さ

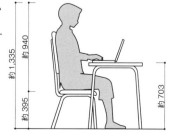

座面の高さは身長×0.23で求められ、約395mm。事務机の高さは身長×0.41で約703mmとします

索引

あとがき

木造住宅は我々日本人にとって最も身近な存在の建築です。一般の方と話をすると「学校で建築を学べば、木造住宅ぐらい設計できる」と思っていらっしゃる方が多いようです。でもそれは全くの勘違いです。

教えられる先生がいないので、大学では木造住宅を基本的に学べません。建築士の資格を取ることを目標にすえた各種専門学校も、「中廊下型の平面」や「布基礎、根太大引、和小屋で、断熱気密も不十分な昭和の時代の矩計」が試験の模範解答となることからわかるように、木造住宅の設計を学ぶ場ではありません。工務店やハウスメーカーに就職しても、会社の仕様・矩計が決まっているので、木造住宅を本格的に学ばなくとも、設計はできてしまいます。日本では100万人以上の建築士が登録されていますが、その中にきちんと体系的に木造住宅を学んだことのある人は、ほとんどいないのです。

はしがきにも書いたように、木造住宅はここ30年の変化が激しく、一冊でまんべんなく木造住宅の基本を学べるような教科書はありませんでした。つい最近まで、最新事情を知りたければ、「建築知識」の特集を何冊もかき集めて、情報を入手するしか方法がなかったのです。

つまり、日本に現存する2,900万戸の木造住宅のほとんどは、木造住宅をよく知らない設計者が「我流」で設計したもの、といってもいい過ぎではありません。きちんと習ったこともないし、教科書もないのですから、「間取り」以上のことが考えられないのは当然です。「部屋数、動線、カ

ーポートしか取り柄のない、新建材づくりの性能の低い家」で町が埋め尽くされるのも、無理はありません。

私は、法政大学で10年間、木造住宅を教えてきました。この本はそこで使っている資料を再構成したものです。木造住宅を体系的にきちんと学習すれば、学生でも「高性能で魅力的な木造住宅」をわずか半年で設計できるようになります。軸組を自ら考え、プロ顔負けの矩計を描けるようになります。

この本で書いた、「1.内と外との境界部をデザインする」「2.屋根を最初に、間取りは最後に考える」「3.トコロテン方式で断面から設計する」、この3点を守るだけで、設計はビックリするほど変わります。みなさんも、この本を片手にぜひ試してみてください。

本書の企画は「木造住宅の入門書、最新版」をつくりたいという出版社の意向で、3年前に始まりました。非常に大変な作業でしたが、結果的に木造住宅を未来につなげる教科書になったと思います。動物の楽しい絵で、固い内容を一気に柔らかいトーンに変えてくださった伊藤ハムスターさん、細かな文字の入る頁をわかりやすくデザインして頂いた三木俊一さん、3年間粘り強く編集作業を続けてくださった伴京子さんにも、この場を借りてお礼をしたいと思います。ありがとうございました。

著者略歴

飯塚豊

1966年東京都生まれ。一級建築士。法政大学デザイン工学部兼任講師。
1990年早稲田大学理工学部建築学科卒業(卒業論文・卒業設計の指導教授は
都市住宅の大家・鈴木恂氏)。'90~2003年大高建築設計事務所に在籍、メタ
ボリズム建築の巨匠・大高正人氏に師事する。'04年i＋i(アイプラスアイ)設
計事務所を設立。暮らしが愉しくなる間取り・高い居住性能・オリジナリティ
あふれるデザインを三位一体でまとめ上げる設計手法で一躍脚光を浴びる。
これまで設計してきた住宅は、約100棟を超える。
主宰する家作り情報サイト「住まい手の立場から住宅を考える。」は1,000ペ
ージ以上に渡る豊富なコンテンツでプロアマ問わず好評を博す。'11年より
法政大学デザイン工学部兼任講師に就任、間取りの考え方だけでなく、建
築構造、断熱、通気設計などの木造住宅の設計に欠かせない実務上のノウ
ハウを、将来を担う建築家の卵たちに指導している。
著書に8万部を突破した『間取りの方程式』(エクスナレッジ)、新人教育本の
定番となった『新米建築士の教科書』(秀和システム)がある。

参考文献

『一生使えるサイズ辞典 住宅のリアル寸法 完全版』建築知識編／エクスナレッジ

『Q1.0住宅　設計・施工マニュアル2020』鎌田紀彦著／市ヶ谷出版社

「建築知識1995年11月号　屋根のデザイン＆ディテール大全」／エクスナレッジ

「建築知識2017年11月号　飯塚豊から見た最高の住宅工事」／エクスナレッジ

「建築知識2020年8月号　現場がスッキリわかるプレカット最強の教科書」／エクスナレッジ

「住宅省エネルギー技術講習テキスト 設計・施工編」／一般社団法人木を活かす建築推進協議会

『新米建築士の教科書』飯塚豊著／秀和システム

『はじめて学ぶ屋根・小屋組の図鑑』建築知識編／エクスナレッジ

『フラット35 S対応　木造住宅工事仕様書　2021年度版』
　独立行政法人住宅金融支援機構編著／井上書院

『まもりすまい保険　設計施工基準・同解説』／住宅保証機構株式会社

『木造軸組工法による省令準耐火構造の住宅』／一般社団法人JBN

『最もくわしい屋根・小屋組の図鑑 改訂版』建築知識編／エクスナレッジ

『ヤマダの木構造』山田憲明／エクスナレッジ

ぜんぶ
絵で
わかる❶
木造住宅

2022年11月4日　初版第1刷発行
2023年12月18日　　　第3刷発行

著者
飯塚豊

発行者
三輪浩之

発行所
株式会社エクスナレッジ
〒106-0032東京都港区六本木7-2-26
https://www.xknowledge.co.jp/

問合せ先
［編集］tel 03-3403-6796／fax 03-3403-0582
　　　info@xknowledge.co.jp
［販売］tel 03-3403-1321／fax 03-3403-1829